십대를위한
유쾌한
글쓰기콘서트

십대를 위한 유쾌한 글쓰기 콘서트
(독후감과 자기소개서, 문장력 강화를 위한 37가지 처방전)

[교실밖 교과서®] 시리즈 NO.19

지은이 | 박기복
발행인 | 김경아

2016년 4월 25일 1판 1쇄 인쇄
2016년 5월 1일 1판 1쇄 발행

이 책을 만든 사람들
책임 기획 | 김경아
북 디자인 | 김효정
교정 교열 | 좋은글
경영 지원 | 홍종남

이 책을 함께 만든 사람들
종이 | 제이피씨 정동수
제작 및 인쇄 | 다오기획 김대식

{행복한콘텐츠그룹} 출판 서포터즈
김미라, 김미숙, 김수연, 김은진, 김현숙, 박기복, 박민경, 박현숙, 변원미, 송래은
오석정, 오주영, 윤진희, 이승연, 이인경, 이혜승, 임혜영, 정인숙, 조동림, 조은정

펴낸곳 | 행복한나무
출판등록 | 2007년 3월 7일. 제 2007-5호
주소 | 경기도 남양주시 도농로 34, 부영e그린타운 301동 301호(도농동)
전화 | 02) 322-3856 팩스 | 02) 322-3857
홈페이지 | www.ihappytree.com
도서 문의(출판사 e-mail) | e21chope@daum.net
내용 문의(지은이 e-mail) | yesreading@gmail.com
※ 이 책을 읽다가 궁금한 점이 있을 때는 지은이 e-mail을 이용해 주세요.

ISBN 978-89-93460-74-2
"행복한나무" 도서번호 : 085

:: [교실밖 교과서®] 시리즈는 "행복한나무" 출판사의 청소년 브랜드입니다.

:: 이 책은 『중학생을 위한 글쓰기 만점공부법』의 장정개정판입니다.

십대를 위한

유쾌한 글쓰기 콘서트

독후감과 자기소개서, 문장력 강화를 위한

37가지 처방전

박기복 지음

행복한 나무

프롤로그

여러분도 멋진 글쟁이가 될 수 있다!

저는 두 달에 한 권, 오래 걸려도 세 달에 한 권씩 책을 냅니다. 글 한 편도 아니고 책을 두 달에 한 권씩 내니 다들 믿어지지 않는 눈으로 저를 보면서 감탄을 하다가 끝에 가서는 꼭 이렇게 묻습니다.

"어떻게 하면 책을 그렇게 쉽게, 빨리 씁니까?"

이런 물음에 저는 한결같이 대꾸합니다.

"늘 쓰다 보니 그렇게 됐습니다."

남다른 비결을 바라던 사람들은 제 답을 듣고는 크게 실망합니다. 글을 쓰려고 하다가도 막상 연필을 들거나, 컴퓨터 앞에 앉으면 막막함에 첫 줄을 쓰기도 버거운 이들에게 '늘 쓰라'는 말은 조금도 도움이 되지 않기 때문입니다. 그렇지만 제 말은 글을 잘 쓰는 알짜 비결이 맞습니다.

뭐든 해야 늡니다. 하지 않고 무언가를 잘할 수는 없습니다. 요리를 잘하고 싶은 사람이 요리 한 번 해 보지 않고 요리를 잘 할 수 있을까요? 축구를 잘하고 싶은 사람이 공 한 번 차지 않고 축구를 잘 할 수 있을까요? 뭐든 해 봐야 합니다. 못할까 봐, 힘들까 봐, 어려울까 봐 안 하는 사람은 그 무엇도 이루지 못합니다. 많은 이들이 글을 잘 쓰고 싶어 합니다. 많은 부모들이 자녀가 글을 잘 쓰기를 바랍니다. 대학입시에서도, 대학생활에서도, 직장생활과 같은 돈벌이를 할 때도 글쓰기 재주가 꼭 있어야 하지만, 삶을 넉넉하고 아름답게 가꾸는데도 글쓰기 재주는 꼭 있어야 합니다. 글을 잘 쓰는 사람이 글을 잘 못 쓰는 사람보다 사회에서 더 큰 성취를 이루고, 속삶을 더 넉넉하고 알차게 보낼 가능성이 높습니다.

이 책은 글을 잘 쓰고 싶지만 잘 못 쓰는 청소년인 '글치'가 시우샘에게 글쓰기를 배우면서 나누는 이야기와 가르침으로 짜였습니다. 이 책에는 〈37가지 글쓰기 과제〉가 담겼는데 이 과제는 제가 글쓰기 재주를 키우려고 연습했던 방법이며, 청소년들에게 글쓰기를 가르치면서 시키는 방법이기도 합니다. 그러니 이 책은 그냥 읽기만 하면 안 됩니다. 책에서 시우샘이 글치에게 하라고 시키는 36가지 글쓰기 과제를 여러분도 따라 하면서 책을 읽기 바랍니다.

이 책은 크게 다섯 악장으로 나뉩니다. 첫째 악장은 〈기초 다지기〉로 글쓰기 재주가 무엇인지 비밀을 알려줍니다. 글쓰기 재주란 무엇인지 뚜렷하게 알지 못하면 글 쓰는 재주가 늘지 않습니다. 첫째 악장이 가장 알맹입니다. 꼭 첫째 악장에서 시우샘이 말하는 바를 다 익힌 뒤에 그 다음 악장으로 넘어가시기 바랍니다. 둘째 악장에서 넷째 악장까지는 〈문장력 기르기〉와 〈문장력 강화하기〉, 그리고 〈문장력 다지기〉 단계인데, 이렇게 문장력을 기르는 단계가 많은 까닭은 문장력이 바탕이 되어야 글쓰기를 하는 힘을 갖추기 때문입니다. 마지막 다섯째 악장은 〈구성력 기르기〉로 글 한 편을 완성하는 힘을 기르는 방법을 알려줍니다.

"글을 왜 잘 쓰고 싶어?"

글쓰기를 가르칠 때 제가 내놓는 첫째 물음이며, 글치를 만난 시우샘이 처음 내놓는 물음이기도 합니다. 글치는 이 물음에 제대로 답을 하지 못합니다. 여러분은 어떤가요? 왜 글을 잘 쓰고 싶으세요?

"도대체 무엇을 쓰고 싶어?"

글쓰기를 가르칠 때 제가 가장 많이 내놓는 물음입니다. 시우샘은 글치에게 이 물음을 틈만 나면 내놓습니다. 여러분도 글을 쓸 때마다 이 물음을 스스로에게 품어야 합니다. 도대체 나는 무엇을 쓰고 싶은가?

글쓰기를 하는 사람은, 글을 잘 쓰고 싶은 사람은 '글을 왜 잘 쓰고 싶은가?', '무엇을 쓰고 싶은가?' 하는 물음을 늘 담고 살아야 합니다. 이 두 물음은 글을 쓰는 철학이 무엇인지를 묻기도 하지만, 글을 잘 쓰는 핵심 비결이기도 합니다. 그러니 이 두 물음을 늘 간직하십시오. 글쓰기에 큰 도움이 되리라 믿습니다.

여러분도 이 책을 읽고, 글쓰기를 부지런히 익혀서 멋진 글쟁이가 되기를 바랍니다.

메마른 대지를 적시는 단비와 같은 삶을 꿈꾸며

時雨

글을 정말 잘 쓸 수 있도록 도와주는
이 책의 과학적인 구성

이 책은 글쓰기 실력에 대한 기본 이해를 바탕으로 문장력을 기르고, 한 편의 글을 구성하는 힘을 기르는 방법을 알려준다. 이론에 치중한 재미없는 글쓰기가 아니다. 딱딱한 설명만 있는 글쓰기 공부법도 아니다. 글쓰기에 대한 두려움이 있는 '글치'와 글쓰기 선생님인 '시우샘'이 등장하여 소설처럼 꾸려나가는 재미있는 글쓰기 책이다.

글치와 시우샘의 대화로 배우는 글쓰기 이론

딱딱한 글쓰기 이론을 글치와 시우샘의 재미있는 대화로 구성하였다. 1악장 [기초 다지기]부터 5악장 [구성력 기르기]까지는 대화 형식이다.

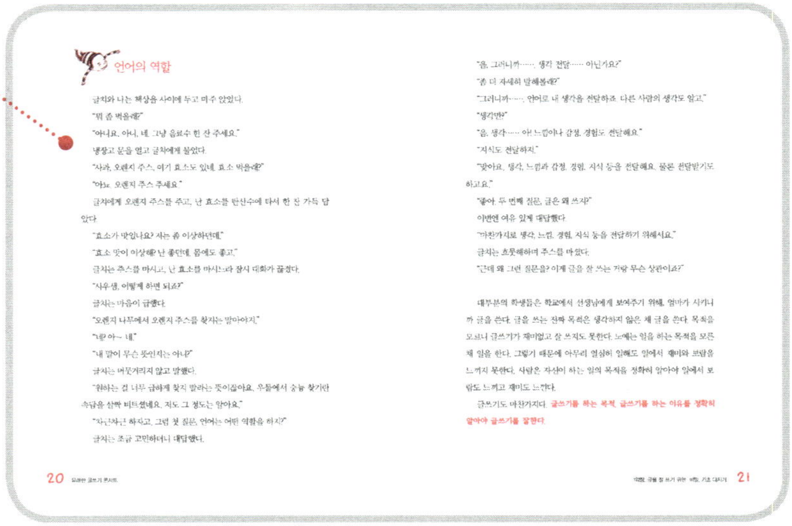

언어의 역할

글치와 나는 책상을 사이에 두고 마주 앉았다.

"뭐 좀 먹을래?"

"아니요. 아니, 네. 그냥 음료수 한 잔 주세요."

냉장고 문을 열고 글치에게 물었다.

"사과, 오렌지 주스, 여기 효소도 있네. 효소 먹을래?"

"아뇨. 오렌지 주스 주세요."

글치에게 오렌지 주스를 주고, 난 효소를 탄산수에 타서 한 잔 가득 담았다.

"효소가 맛있나요? 저는 좀 이상하던데."

"효소 맛이 이상해? 난 좋던데. 몸에도 좋고."

글치는 주스를 마시고, 난 효소를 마시느라 잠시 대화가 끊겼다.

"시우샘, 어떻게 하면 되죠?"

글치는 마음이 급했다.

"오렌지 나무에서 오렌지 주스를 찾지는 말아야지."

"네? 아~ 네."

"내 말이 무슨 뜻인지는 아니?"

글치는 머뭇거리지 않고 말했다.

"원하는 걸 너무 급하게 찾지 말라는 뜻이잖아요. 우물에서 숭늉 찾기란 속담을 살짝 비트셨네요. 저도 그 정도는 알아요."

"차근차근 하자고. 그럼 첫 질문. 언어는 어떤 역할을 하지?"

글치는 조금 고민하더니 대답했다.

20 유쾌한 글쓰기 콘서트

"음. 그러니까……. 생각 전달…… 아닌가요?"

"좀 더 자세히 말해볼래?"

"그러니까……. 언어로 내 생각을 전달하죠. 다른 사람의 생각도 알고."

"생각만?"

"음. 생각…… 아! 느낌이나 감정. 경험도 전달해요."

"지식도 전달하지."

"맞아요. 생각, 느낌과 감정, 경험, 지식 등을 전달해요. 물론 전달받기도 하고요."

"좋아. 두 번째 질문. 글은 왜 쓰지?"

이번엔 여유 있게 대답했다.

"마찬가지로 생각, 느낌, 경험, 지식 등을 전달하기 위해서요."

글치는 흐뭇해하며 주스를 마셨다.

"근데 왜 그런 질문을? 이게 글을 잘 쓰는 거랑 무슨 상관이죠?"

대부분의 학생들은 학교에서 선생님에게 보여주기 위해, 엄마가 시키니까 글을 쓴다. 글을 쓰는 진짜 목적은 생각하지 않은 채 글을 쓴다. 목적을 모르니 글쓰기가 재미없고 잘 쓰지도 못한다. 노예는 일을 하는 목적을 모른 채 일을 한다. 그렇기 때문에 아무리 열심히 일해도 일에서 재미와 보람을 느끼지 못한다. 사람은 자신이 하는 일의 목적을 정확히 알아야 일에서 보람도 느끼고 재미도 느낀다.

글쓰기도 마찬가지다. 글쓰기를 하는 목적, 글쓰기를 하는 이유를 정확히 알아야 글쓰기를 잘한다.

21

글쓰기를 잘하고 싶지만 제대로 글을 쓰지 못하는 평범한 중학생인 '글치'와 세상에서 글쓰기가 제일 재미있어 이미 여러 권의 책을 썼으며, 지금도 쓰고 계신 '시우샘'이 글쓰기를 주제로 대화를 이어간다. 글치가 궁금해하거나 부족한 부분이 있으면 시우샘이 알려주고 글치가 하나하나 이해하고 실천하는 형식이다.

하루 10분 문장력을 키우는 37가지 과제

이 책과 함께 37개 유형의 글쓰기를 직접 해보는 것이다. 37번 '자기소개서'까지 쓰고 나면 입학사정관제까지 준비할 수 있다. 글쓰기 실력을 기르는 방법을 알려준 뒤에는 글치에게 과제가 제시된다. 이 과제는 글치에게 제시된 과제이면서 동시에 독자 여러분에게 제시된 과제다. 독자들은 제시된 과제를 스스로 수행해야 한다. 그냥 이 책을 읽기만 해서는 절대 글쓰기 실력이 늘지 않는다. 글을 써야 글쓰기 실력이 늘어난다. 하루 10분만 투자하자. 그 10분이 인생을 바꿀 것이다.

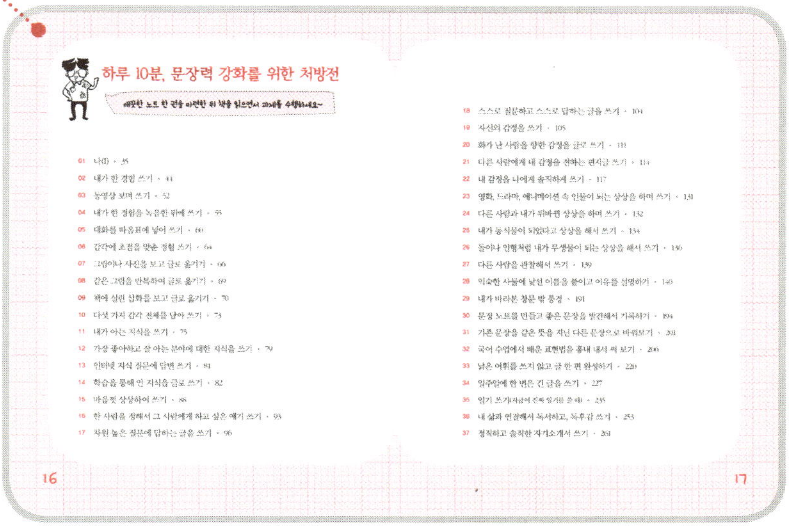
하루 10분, 문장력 강화를 위한 처방전

깨끗한 노트 한 권을 마련한 뒤 책을 읽으면서 과제를 수행하세요~

16 17

글쓰기 과정 제시

글치가 글쓰기를 배우는 과정을 보여준다. 이 과정은 독자 역시 자신이 쓴 글의 완성도를 높여 나가는 방법을 배울 수 있다.

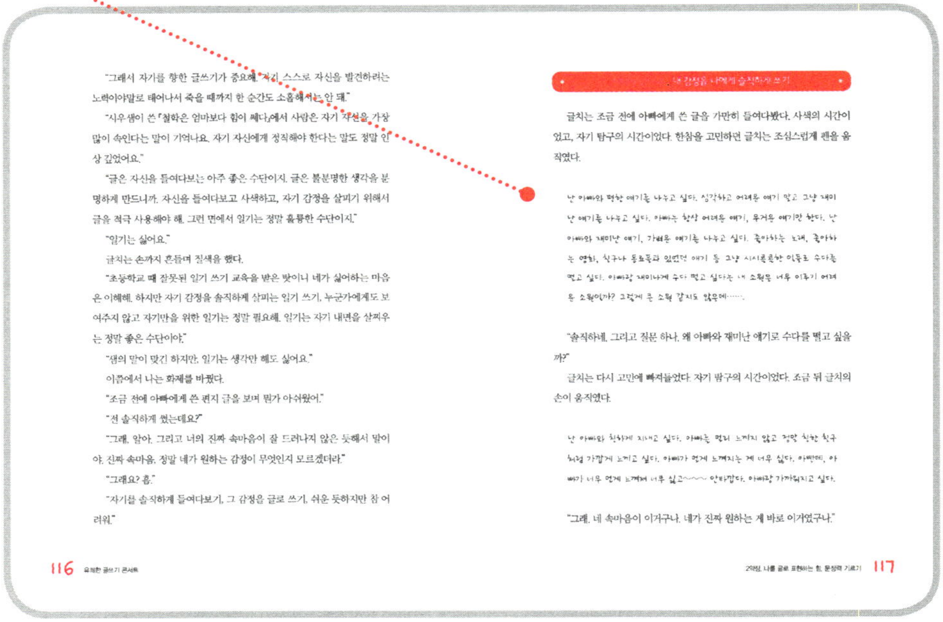

"그래서 자기를 향한 글쓰기가 중요해. 자기 스스로 자신을 발견하려는 노력이야말로 태어나서 죽을 때까지 한 순간도 소홀해서는 안 돼."

"시우샘이 쓴 『철학은 엄마보다 힘이 쎄다』에서 사람은 자기 자신을 가장 많이 속인다는 말이 기억나요. 자기 자신에게 정직해야 한다는 말도 정말 인상 깊었어요."

"글은 자신을 들여다보는 아주 좋은 수단이지. 글은 불분명한 생각을 분명하게 만드니까. 자신을 들여다보고 사색하고, 자기 감정을 살피기 위해서 글을 적극 사용해야 해. 그런 면에서 일기는 정말 훌륭한 수단이지."

"일기는 싫어요."

글치는 손까지 흔들며 질색을 했다.

"초등학교 때 잘못된 일기 쓰기 교육을 받은 탓이니 네가 싫어하는 마음은 이해해. 하지만 자기 감정을 솔직하게 살피는 일기 쓰기, 누군가에게도 보여주지 않고 자기만을 위한 일기는 정말 필요해. 일기는 자기 내면을 살찌우는 정말 좋은 수단이야."

"샘의 말이 맞긴 하지만, 일기는 생각만 해도 싫어요."

이쯤에서 나는 화제를 바꿨다.

"조금 전에 아빠에게 쓴 편지 글을 보며 뭔가 아쉬웠어."

"전 솔직하게 썼는데요?"

"그래, 알아. 그리고 너의 진짜 속마음이 잘 드러나지 않은 듯해서 말이야. 진짜 속마음, 정말 네가 원하는 감정이 무엇인지 모르겠더라."

"그래요? 흠."

"자기를 솔직하게 들여다보기, 그 감정을 글로 쓰기, 쉬운 듯하지만 참 어려워."

116 유쾌한 글쓰기 콘서트

내 감정을 나에게 솔직하게 쓰기

글치는 조금 전에 아빠에게 쓴 글을 가만히 들여다봤다. 사색의 시간이었고, 자기 탐구의 시간이었다. 한참을 고민하던 글치는 조심스럽게 펜을 움직였다.

난 아빠와 편한 얘기를 나누고 싶다. 심각하고 어려운 얘기 말고 그냥 재미난 얘기를 나누고 싶다. 아빠는 항상 어려운 얘기, 무거운 얘기만 한다. 난 아빠와 재미난 얘기, 가벼운 얘기를 나누고 싶다. 좋아하는 노래, 좋아하는 영화, 친구나 동료들과 있었던 얘기 등 그냥 시시콜콜한 이들로 수다를 떨고 싶다. 아빠랑 재미나게 수다 떨고 싶다는 내 소원은 너무 이루기 어려운 소원인가? 그렇게 큰 소원 같지도 않은데……

"솔직하네. 그리고 질문 하나. 왜 아빠와 재미난 얘기로 수다를 떨고 싶을까?"

글치는 다시 고민에 빠져들었다. 자기 탐구의 시간이었다. 조금 뒤 글치의 손이 움직였다.

난 아빠와 친하게 지내고 싶다. 아빠를 멀리 느끼지 않고 정말 친한 친구처럼 가깝게 느끼고 싶다. 아빠가 멀게 느껴지는 게 너무 싫다. 아빠며, 아빠가 너무 멀게 느껴져 너무 싫고~~~ 안타깝다. 아빠랑 가까워지고 싶다.

"그래. 네 속마음이 이거구나. 네가 진짜 원하는 게 바로 이거였구나."

2악장. 나를 글로 표현하는 힘, 문장력 기르기 117

시우샘과 글치가 직접 글을 쓰는 과정을 사례를 통해 보여준다. 시우샘은 글치가 쉽고 재미있게 글을 쓸 수 있도록 도와주고 있다. 이는 마치 독자 한 명 한 명에게 이야기하는 것과 같다. 독자가 글치가 되어 배워보자.

생활글에서 자기소개서까지 문제없다!

이 책 한 권이면 어떻게 문장력을 기를 것인지, 생활글과 독후감, 자기소개서는 어떻게 써야할 것인지를 모두 배울 수 있다.

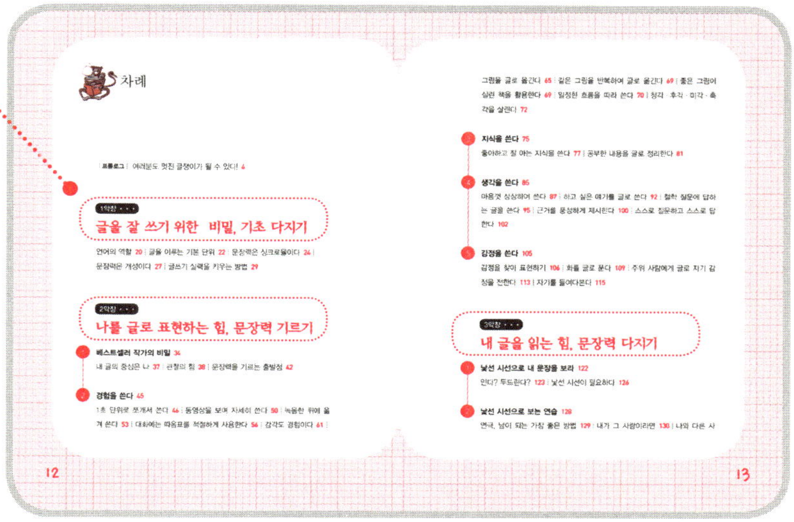

차례

| 프롤로그 | 여러분도 멋진 글쟁이가 될 수 있다! 4

1악장
글을 잘 쓰기 위한 비밀, 기초 다지기
언어의 역할 20 | 글을 이루는 기본 단위 22 | 문장력은 싱크로율이다 24 | 문장력은 개성이다 27 | 글쓰기 실력을 키우는 방법 29

2악장
나를 글로 표현하는 힘, 문장력 기르기
1 베스트셀러 작가의 비밀 34
내 글의 중심은 나 37 | 관찰의 힘 38 | 문장력을 기르는 출발점 42
2 경험을 쓴다 45
1초 단위로 쪼개서 쓴다 46 | 동영상을 보며 자세히 쓴다 50 | 녹음한 뒤에 옮겨 쓴다 53 | 대화에는 따옴표를 적절하게 사용한다 56 | 감각도 경험이다 61 | 그림을 글로 옮긴다 65 | 같은 그림을 반복하여 글로 옮긴다 69 | 좋은 그림이 실린 책을 활용한다 69 | 일정한 흐름을 따라 쓴다 70 | 청각 · 후각 · 미각 · 촉각을 살린다 72
3 지식을 쓴다 75
좋아하고 잘 아는 지식을 쓴다 77 | 공부한 내용을 글로 정리한다 81
4 생각을 쓴다 85
마음껏 상상하여 쓴다 87 | 하고 싶은 얘기를 글로 쓴다 92 | 철학 질문에 답하는 글을 쓴다 95 | 근거를 풍성하게 제시한다 100 | 스스로 질문하고 스스로 답한다 102
5 감정을 쓴다 105
감정을 찾아 표현하기 106 | 화를 글로 푼다 109 | 주위 사람에게 글로 자기 감정을 전한다 113 | 자기를 들여다본다 115

3악장
내 글을 읽는 힘, 문장력 다지기
1 낯선 시선으로 내 문장을 보라 122
인다? 두드린다? 123 | 낯선 시선이 필요하다 126
2 낯선 시선으로 보는 연습 128
연극, 남이 되는 가장 좋은 방법 129 | 내가 그 사람이라면 130 | 나와 다른 사

12 13

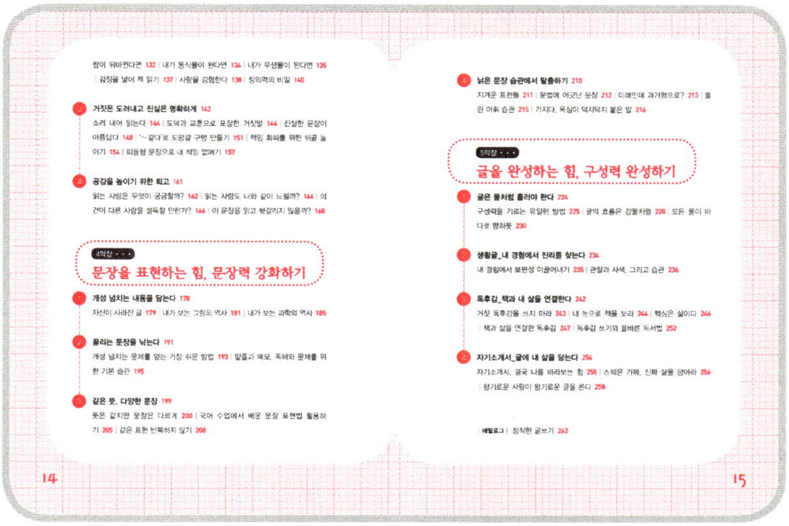

람이 뒤바뀐다면 132 | 내가 동식물이 된다면 134 | 내가 무생물이 된다면 135 | 감정을 넣어 책 읽기 137 | 사람을 검험한다 138 | 창의력의 비밀 140
3 거짓은 도려내고 진실은 명확하게 142
소리 내어 읽는다 144 | 도덕과 교훈으로 포장한 거짓말 144 | 진실한 문장이 아름답다 148 | '~같다'로 도망갈 구멍 만들기 151 | 책임 회피를 위한 뒤끝 높이기 154 | 피동형 문장으로 내 책임 없애기 157
4 공감을 높이기 위한 퇴고 161
읽는 사람은 무엇이 궁금할까? 162 | 읽는 사람도 나와 같이 느낄까? 164 | 의견이 다른 사람을 설득할 만한가? 166 | 이 문장을 읽고 헷갈리지 않을까? 168

4악장
문장을 표현하는 힘, 문장력 강화하기
1 개성 넘치는 내용을 담는다 178
자신이 사라진 글 179 | 내가 보는 그림의 역사 181 | 내가 보는 과학의 역사 185
2 끌리는 문장을 낚는다 191
개성 넘치는 문체를 얻는 가장 쉬운 방법 193 | 맞춤과 메모, 독해와 문체를 위한 기본 습관 195
3 같은 뜻, 다양한 문장 199
뜻은 같지만 문장은 다르게 200 | 국어 수업에서 배운 문장 표현법 활용하기 205 | 같은 표현 반복하지 않기 208
4 낡은 문장 습관에서 탈출하기 210
지겨운 표현들 211 | 문법에 어긋난 문장 212 | 미래인데 과거형으로? 213 | 틀린 어휘 습관 215 | 가지다, 욕심이 덕지덕지 붙은 말 216

5악장
글을 완성하는 힘, 구성력 완성하기
1 글은 물처럼 흘러야 한다 224
구성력을 기르는 유일한 방법 225 | 글의 흐름은 강물처럼 228 | 모든 물이 바다로 향하듯 230
2 생활글_내 경험에서 진리를 찾는다 234
내 경험에서 보편성 이끌어내기 235 | 관찰과 사색, 그리고 습관 236
3 독후감_책과 내 삶을 연결한다 242
거짓 독후감을 쓰지 마라 243 | 내 눈으로 책을 보라 244 | 핵심은 삶이다 246 | 책과 삶을 연결한 독후감 247 | 독후감 쓰기와 올바른 독서법 252
4 자기소개서_글에 내 삶을 담는다 254
자기소개서, 결국 나를 바라보는 힘 255 | 스펙은 가짜, 진짜 삶을 담아라 256 | 향기로운 사람이 향기로운 글을 쓴다 258

| 에필로그 | 정직한 글쓰기 262

14 15

차례

하루 10분, 문장력 강화를 위한 처방전

깨끗한 노트 한 권을 마련한 뒤 책을 읽으면서 과제를 수행하세요~

십대를 위한

유쾌한 글쓰기 콘서트

1악장

글을 잘 쓰기 위한 비밀, 기초 다지기

언어의 역할

글치와 나는 책상을 사이에 두고 마주 앉았다.

"뭐 좀 먹을래?"

"아니요, 아니, 네. 그냥 음료수 한 잔 주세요."

냉장고 문을 열고 글치에게 물었다.

"사과, 오렌지 주스, 여기 효소도 있네. 효소 먹을래?"

"아뇨. 오렌지 주스 주세요."

글치에게 오렌지 주스를 주고, 난 효소를 탄산수에 타서 한 잔 가득 담았다.

"효소가 맛있나요? 저는 좀 이상하던데."

"효소 맛이 이상해? 난 좋던데. 몸에도 좋고."

글치는 주스를 마시고, 난 효소를 마시느라 잠시 대화가 끊겼다.

"시우샘, 어떻게 하면 되죠?"

글치는 마음이 급했다.

"오렌지 나무에서 오렌지 주스를 찾지는 말아야지."

"네? 아~ 네."

"내 말이 무슨 뜻인지는 아니?"

글치는 머뭇거리지 않고 말했다.

"원하는 걸 너무 급하게 찾지 말라는 뜻이잖아요. 우물에서 숭늉 찾기란 속담을 살짝 비트셨네요. 저도 그 정도는 알아요."

"차근차근 하자고. 그럼 첫 질문, 언어는 어떤 역할을 하지?"

글치는 조금 고민하더니 대답했다.

"음, 그러니까……. 생각 전달…… 아닌가요?"

"좀 더 자세히 말해볼래?"

"그러니까……. 언어로 내 생각을 전달하죠. 다른 사람의 생각도 알고."

"생각만?"

"음, 생각…… 아! 느낌이나 감정, 경험도 전달해요."

"지식도 전달하지."

"맞아요. 생각, 느낌과 감정, 경험, 지식 등을 전달해요. 물론 전달받기도 하고요."

"좋아. 두 번째 질문, 글은 왜 쓰지?"

이번엔 여유 있게 대답했다.

"마찬가지로 생각, 느낌, 경험, 지식 등을 전달하기 위해서요."

글치는 흐뭇해하며 주스를 마셨다.

"근데 왜 그런 질문을? 이게 글을 잘 쓰는 거랑 무슨 상관이죠?"

대부분의 학생들은 학교에서 선생님에게 보여주기 위해, 엄마가 시키니까 글을 쓴다. 글을 쓰는 진짜 목적은 생각하지 않은 채 글을 쓴다. 목적을 모르니 글쓰기가 재미없고 잘 쓰지도 못한다. 노예는 일을 하는 목적을 모른 채 일을 한다. 그렇기 때문에 아무리 열심히 일해도 일에서 재미와 보람을 느끼지 못한다. 사람은 자신이 하는 일의 목적을 정확히 알아야 일에서 보람도 느끼고 재미도 느낀다.

글쓰기도 마찬가지다. **글쓰기를 하는 목적, 글쓰기를 하는 이유를 정확히 알아야 글쓰기를 잘한다.**

"처음 던졌던 질문, 넌 왜 글을 잘 쓰고 싶어?"

"흠, 선생님께 인정받고 싶고, 학교에서 주는 상도 받고 싶고, 친구들에게 자랑하고 싶기도 하고, 아무튼 그래요."

"솔직하네. 그런데 네 생각은 글을 잘 쓰려고 하는 진짜 목적과는 아무런 상관이 없어."

글치는 한참을 고민하더니 정리가 된 듯 입을 열었다.

"생각해보니 그런 것 같아요. 글은 생각을 전달하는 수단이잖아요. 그래서 글을 잘 쓰고 싶은 이유는 내 생각을 잘 전달하고 싶기 때문이고, 그게 글쓰기를 잘하고 싶은 진짜 이유네요."

글을 이루는 기본 단위

글쓰기의 목적은 **'글을 이용해 나를 다른 사람에게 정확하게 전달하기'**다. 나를 정확하게 전달하기만 하면 된다. 정확한 전달은 글쓰기에서 가장 중요하다. 내가 글치에게 물었다.

"글의 기본 단위가 뭘까?"

"기본 단위……. 기본 단위가 무슨 뜻이죠?"

"세포는 생명체를 만드는 기본 단위야, 개인은 사회를 이루는 기본 단위고. 그렇다면 글의 기본 단위는?"

"음, 단어 아닌가요? 단어에 뜻이 담겨 있으니까요."

"오, 멋진 걸. 쉽게 대답하지 못할 줄 알았는데."

"히히, 제가 좀 하죠."

"내 생각과는 다르지만."

글의 기본 단위를 흔히 단어라고 생각하기 쉽다. 단어가 기본 뜻을 지니고 있다고 생각하기 때문이다. 나무, 바람, 해, 사랑, 이순신, 슬프다, 아프다, 차다……. 모두 기본 뜻을 지녔다. 그러니 단어가 글의 기본 단위라고 여기기 쉽다. '차다'라는 단어를 보자.

차다

차다는 '얼음이 차다'의 '차다'일까? 아니면 '공을 차다'의 '차다'일까? 그건 모른다. 문장에서 어떻게 사용하는지를 봐야 '차다'의 진짜 뜻이 드러난다. 아래 문장을 보자.

난 바람에 흔들리는 나무다.

이 문장의 '나무'는 뿌리를 내리고, 줄기를 세우고, 초록색의 잎으로 광합성을 하는 나무를 의미하지 않는다. 이 문장의 '나무'는 나무 자체가 아니라 나무가 지닌 성질을 은근히 빗대어 표현한 단어다. 만약 이 문장에서 나무가 광합성을 하는 진짜(!) 나무를 뜻한다면, 이 문장은 나무가 쓴 글이 된다(물론 소설에서는 작가가 상상하여 그렇게 쓰기도 한다).

글의 기본 단위는 '단어'가 아니라 '문장'이다. 내가 전달하고자 하는 생각은 '문장을 기본 단위'로 한다. 글을 잘 쓰려면, 즉 내 생각을 다른 사람에게 정확하게 전달하려면 '문장'을 잘 써야 한다. 문장력은 '문장을 잘 쓰는 힘'이다. 글을 잘 쓰려면 문장력이 뛰어나야 한다.

"문장력이란 하나의 문장을 잘 쓰는 힘이네요."

글치가 말했다.

"맞는 말이기도 하지만, 틀린 말이기도 해.

"왜요?"

"넌, 단 한 문장으로 네가 말하는 바를 다 전달하니?"

"네, 아! 아니……요."

"아니라고 한 이유는?"

"음, 한 문장이 아니라 여러 문장이 필요한 경우도 많아요. 예를 들면 오늘 학교에서 화가 났다는 글을 쓴다고 하면, 왜 화가 났는지 이유를 덧붙여야 제 상황을 정확히 전달하잖아요. 그러려면 여러 문장으로 표현해야죠."

"하나의 생각을 여러 문장의 묶음으로 표현하지."

"아하! 그게 문단이군요. 그러니까 문장력은 문장뿐만 아니라 문장이 모인 문단까지도 잘 쓰는 것을 말하는군요."

"그렇지. **하나의 문장뿐만 아니라 하나의 문단을 얼마나 정확하게 표현하는가? 정확하게 표현하는 힘이 얼마나 뛰어난가?** 그게 바로 문장력의 수준을 결정하지."

문장력은 싱크로율이다

"선생님! 궁금한 게 있어요."

"응, 물어 봐."

"문장력이 뭔지는 대충 알겠어요. 문장력 수준이 높아야 글을 잘 쓰는 것도 알겠고요. 그럼 도대체 문장력 수준은 어떻게 측정하죠? 그리고 그 문장력을 기르기 위해서는 어떻게 해야 하죠?"

나는 바로 대답하지 않고 효소를 마셨다. 미나리 향이 입안에 가득찼다. 입으로 느끼는 향은 코로 느끼는 향보다 훨씬 깊다. 대답이 없자 글치는 가만히 생각에 빠졌다. 자기 질문을 스스로 곱씹는 듯했다. 글치가 혼자 생각하기를 바라기도 했지만, 입안에 가득찬 미나리 향을 내보내기 싫은 마음도 있어서 난 입을 열지 않았다. 향이 온몸을 감쌌다. 머리까지 상쾌했다. 약간의 시간이 흘렀다.

"바보 같은 질문이었어요."

글치가 중얼거리듯 내뱉었다.

"글은 내 생각을 잘 전달하는 게 목적이므로 문장력은 내 생각을 얼마나 정확히 표현하는지가 결정하죠. 내 생각을 글로 정확하게 표현하면 문장력이 뛰어난 거고, 그렇지 못하면 문장력이 부족한 거죠. 근데, …… 근데 어떻게 하면 정확하게 표현하죠? 진짜 궁금한 건 바로 그거예요."

"어떻게 해야 잘하는지는 나중에 생각해보기로 하고……. 문장력이란 자기 생각을 정확하게 표현하는 능력이라고 했어. 그런데 자신은 정확하게 표현했는데 남들이 무슨 말인지 모르면 어떻게 하지?"

"네? 그런 경우도 있나요?"

글치의 눈이 동그래졌다.

"예를 들면, 대학 교수님이 자기 생각을 분명하게 표현했어. 자신이 아는 전문 용어를 사용해서. 그런데 그 글은 너와 같은 중학생들이 읽으라고 쓴 글이야. 네가 그 글을 읽고 문장력이 참 뛰어나다고 판단할까?"

글치는 고개를 세차게 흔들었다.

"말도 안 되죠. 전문 용어를 풀어서 설명해주지 않으니 무슨 글인지 하나도 모를 거예요. 그런 글을 읽고 문장력이 뛰어나다고 생각하진 않겠죠."

"문장력의 수준을 판단할 때 기준이 하나가 더 필요하겠지?"

"그러네요."

"자기 생각을 문장과 문단으로 '얼마나 정확하게 표현했는가?' 뿐만 아니라 '읽는 사람의 수준에 맞는 문장과 문단을 썼는가?'도 고려해야 해."

내 생각을 정확히 썼다고 해서 문장력이 뛰어나다고 말하지는 않는다. 물론 내 생각을 정확히 표현해야 한다. 그러나 아무리 잘 쓴 문장이라도 상대방이 글을 전혀 이해하지 못한다면 전혀 쓸모가 없다. 읽는 사람이 내 생각을 정확히 알도록 표현해야 좋은 글이고, 뛰어난 글이다.

"혹시 '싱크로나이즈드 스위밍'이란 경기 본 적 있니?"

"아, 물속에서 여러 사람이 똑같이 아름다운 동작을 하는 수영 경기 말이죠? 네, 몇 번 봤어요. 진짜 멋지던데요. 여러 사람이 물속에서 동작을 맞춰 연기하는 게 정말 신기했어요."

"싱크로나이즈드 스위밍(Synchronized Swimming)에서 '싱크로나이즈드'는 '양쪽을 동일한 상태로 만든다'는 뜻이야. 함께 하는 동작이 일치하는 정도를 '싱크로율'이라고 하지. 싱크로율 100%란 완벽하게 동작이 일치하는 상태를 말해. 싱크로나이즈드 스위밍을 잘하는 팀일수록 싱크로율이 높아."

"만화영화에도 싱크로율이란 말이 나와요. 조종사와 로봇이 결합한 정도를 표시할 때 싱크로율이란 말을 쓰는데. 조종사와 로봇의 싱크로율이 높아야 로봇의 힘이 강력해지거든요."

"문장력도 마찬가지야."

글치는 무릎을 탁 쳤다.

"아! 그렇구나! 내 생각이 글을 통해 남에게 정확하게 전달된 정도, 잘 전달되면 나와 남의 싱크로율이 높고, 잘 전달되지 않으면 싱크로율이 낮아요. 문장력이란 결국 싱크로율이네요."

문장력이란 내 생각과 읽는 사람이 받아들인 수준의 일치 정도를 말한다. 여기서 일치 정도란, 싱크로율이다. 내가 글을 통해 전하고자 하는 생각을 상대편에게 얼마만큼 잘 전달했는지가 싱크로율이다. 싱크로율이 높을수록 문장력이 뛰어나다.

문장력은 개성이다

글치가 쓴 글을 글치에게 보여주며 물었다.

"너, 이 글 왜 썼어?"

"학교에서 써 오라고 해서요."

"물론 그렇겠지. 그거 말고 이 내용 말이야."

…… 거짓말을 하면 그 순간에는 괜찮을지도 모를 것이다. 야단맞지 않으니까 안심이 될 것 같다. 그렇지만 나중엔 결국 들통이 날 것이다. 그럼 더 야단을 많이 맞을 것이다. 그러니 나는 거짓말을 하지 않는 것이 좋다고 생각한다.

"거짓말 하면 안 된다고 말하고 싶어서요."

"네가 굳이 안 써도 다 알아."

"네?"

"난 이거랑 거의 똑같은 글을 너무나 많이 봤어. 솔직히 네가 안 써도 다 아는 상식이잖아."

"그렇긴 하지만……."

"문장 표현도 마찬가지야. 너무나 익숙한 문장이야. '~것이다', '~것 같다', '나는~생각한다' 등 다른 학생들 다 쓰는 표현만 수두룩해. 문장이 신선하지도 않고 재미도 없어."

글치는 고개를 푹 숙였다.

"으, 음. 휴~. 솔직히 전 글 못 써요."

"좌절하려고 나에게 온 건 아니잖아. 그게 바로 문장력을 이루는 세 번째 요소야."

"문장력을 이루는 세 번째 요소요?"

글치는 고개를 갸우뚱거렸다.

"모르겠니?"

"네"

글치의 목소리가 점점 기어들어 갔다.

"문장력은 개성이야. 글에는 개성을 담아야 해. 내가 쓴 글이니까. 내 글이니까, 나를 담아야지. 내 마음, 내 느낌, 내 생각……, 그리고 나만의 표현 방식을 써야 해. 얼마만큼 개성 넘치게 쓰느냐, 남과 다르게 표현하느냐가 바로 문장력이란다."

"아하!"

글치가 비로소 이해하겠다는 듯 눈을 반짝였다.

글은 나를 표현하는 수단이다. 내 글은 나를 담는다. 다른 사람에 관한 글이라도 내 눈으로 보는 다른 사람의 글과 마찬가지다. 글에는 내 색깔을 입혀야 한다. 글에 내 색깔을 잘 입힐수록 문장력이 뛰어나다. 내가 쓴 글을 남도 똑같이 쓴다면 다른 사람에게 보여주는 글을 굳이 내가 쓸 이유가 없다. 글에 내 색깔을 입히지 못한다면 내가 글을 쓸 이유가 없다. 그냥 남의 글을 그대로 보여주면 된다. 내가 나의 글을 쓰는 이유는 남과 다른 나를 표현하기 위함이다. 난 그 누구와도 다르다.

글쓰기 실력을 키우는 방법

문장력의 수준은 싱크로율과 개성이 결정한다. 싱크로율이 높을수록, 개성이 높을수록 문장력도 높다.

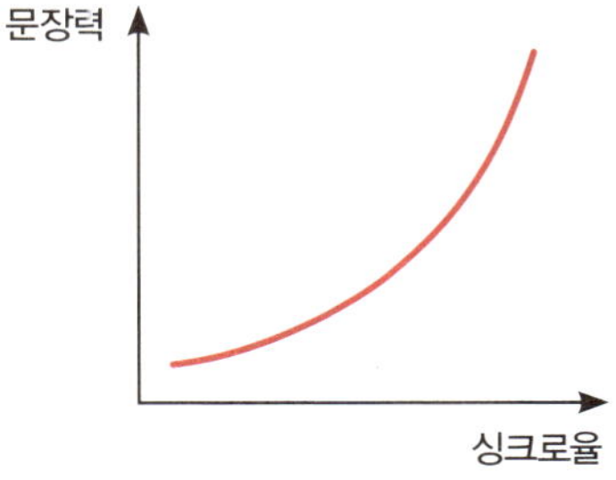

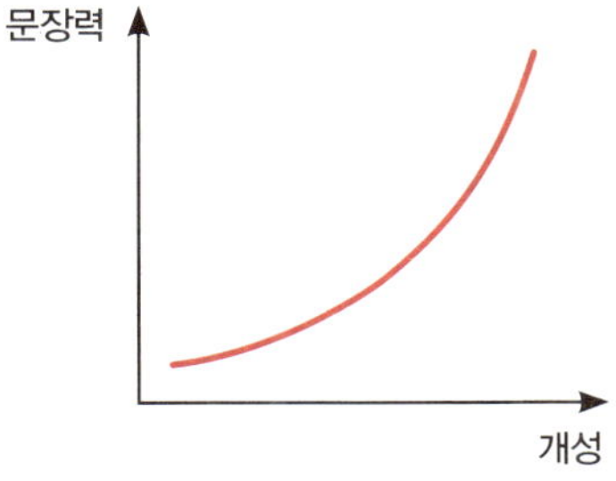

싱크로율을 높이기 위해서는 두 가지가 필요하다.

싱크로율 = 내가 나를 보는 힘 + 남의 눈으로 내 글을 보는 힘

싱크로율을 높이려면 내 글이 나를 정확히 표현해야 한다. 나를 정확히 표현하려면 내가 나를 제대로 볼 줄 알아야 한다. 내가 나를 모르면서 남에게 나를 정확히 보여주지는 못한다. 나를 정확히 보고 글로 옮겨야 한다.

싱크로율을 높이려면 내가 쓴 글을 다른 사람이 정확히 이해하도록 표현해야 한다. 그러기 위해선 남의 눈으로 내 글을 봐야 한다. 내 글을 읽을 사람이 정확히 이해할지를 생각하며 내 글을 다듬어야 한다.

"혹시 내가 쓴 국어 공부 관련 책 다 읽었니?"

"시우샘이 쓴 국어 관련 책이라면 『국어 어휘력 만점공부법』, 『고사성어 만점공부법』, 『국어독해력 만점공부법』을 말하는 거죠? 네, 다 읽었어요."

"내가 쓴 『국어 어휘력 만점공부법』의 핵심은 한자음의 연결고리와 문장의 맥락을 통한 어휘 습득이었어. 『고사성어 만점공부법』은 실제 사례에서 고사성어를 사용하는 법을 익히고 친근한 이야기로 기억하는 공부가 핵심이었고, 『국어독해력 만점공부법』에서는 사람을 이해하는 힘이 독해력의 핵심이라고 했어."

"네, 기억나요."

"문을 열려면 열쇠를 정확하게 선택해야 하듯이 어떤 분야의 실력을 기르려면 핵심을 정확히 짚고 집중 공략해야 해. 글쓰기 실력을 기르기 위해서도 마찬가지야. 글쓰기 실력의 기본은 문장력이고, 문장력을 키우려면 나를 이해하는 힘, 남의 눈으로 내 글을 보는 힘, 개성 넘치게 표현하는 힘을 길러야 해."

"그거면 되나요?"

"아니! 문장력을 기른 뒤에는 글을 구성하는 힘을 길러야 해. 문장이 모여 문단이 되고, 문단이 모여 글이 되거든. 문장력은 문장과 문단을 쓰는 힘이야. 따라서 완성한 문단을 어떤 식으로 배치해서 자연스럽게 내 생각을 전달할지 구성하는 힘이 필요해."

"지금까지가 1악장이었다면, 문장력이 2~4악장, 그리고 구성하는 힘을 기르는 과정이 5악장이겠군요."

"이제 글쓰기 실력을 좌우하는 문장력을 기르려면 어떻게 해야 하는지 그 비밀의 열쇠를 쥐었으니 문을 열어야지."

"네!"

난 두 손으로 책상을 가볍게 쳤다.

"준비됐으니 문장력을 기르는 비밀의 문을 열어보자."

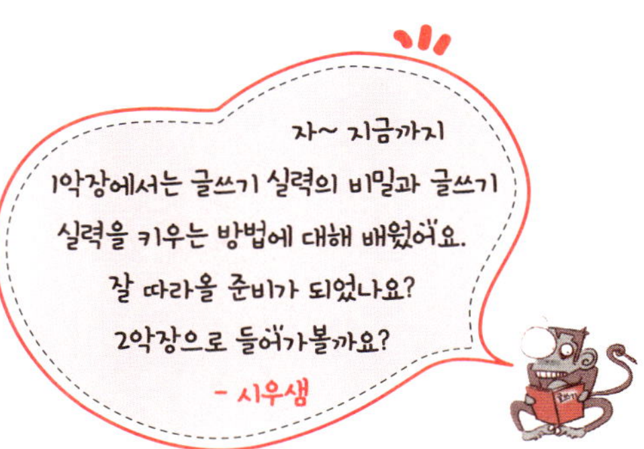

자~ 지금까지
1악장에서는 글쓰기 실력의 비밀과 글쓰기
실력을 키우는 방법에 대해 배웠어요.
잘 따라올 준비가 되었나요?
2악장으로 들어가볼까요?
- 시우샘

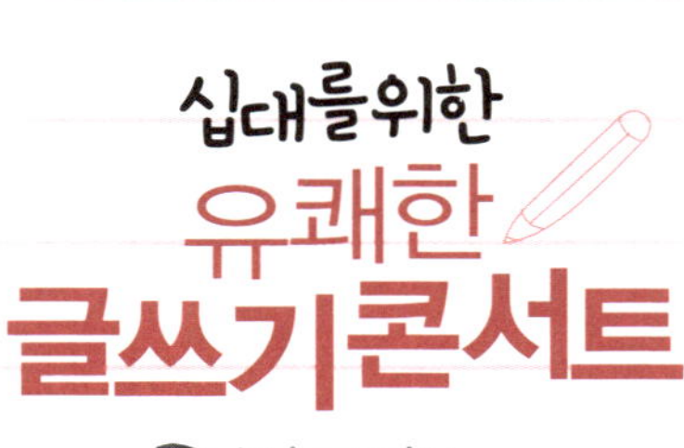

십대를위한

유쾌한 글쓰기콘서트

2악장

나를 글로 표현하는 힘, 문장력 기르기

01 베스트셀러 작가의 비밀

글치에게 좀 더 어려운 질문을 던졌다.

"글을 잘 쓰려면 무엇보다 우선해서 길러야 할 힘이 뭘까?"

"내가 나를 보는 힘을 길러야 해요."

글치는 머뭇거리지 않고 대답했다.

"넌 너 자신을 잘 볼 줄 아니?"

"글쎄요. 볼 줄 아는 것 같기도 하고, 모르는 것 같기도 하고."

이번 대답은 자신이 없다.

"좋아. 그럼 네가 너 자신을 얼마나 잘 아는지 한번 확인해볼까?"

"나!"

글치는 '나'를 한 번 읽더니 나를 봤다.

"뭘 써야죠?"

"나야 모르지."

"자기소개를 하면 되나요?"

"누군가 시킨 글을 쓸 때는 주어진 조건을 잘 봐야 해. 그리고 조건 외에는 완전히 자유야. 네가 '어떻게 써요?'하고 물을 때마다 내 대답은 늘 똑같아. 조건을 지키는 한도 내에서 무엇을 쓰든, 어떻게 쓰든 그건 너의 자유야. 네 맘대로 써!"

글치는 입을 삐죽 내밀었다. 고개도 갸웃거렸다.

"너무 자유롭게 주제를 주시니 막막하네요."

"깊이 고민해. 고민하는 과정에서 문장력이 늘어. 또한 어느 정도 고민했으면 과감하게 써. 고치기는 나중에 걱정하고 일단 생각을 글로 쏟아내. 생각은 깊이, 쓰기는 과감하게."

"생각은 깊이, 쓰기는 과감하게."

글치는 내 말을 받아 적었다.

생각은 깊이, 쓰기는 과감하게

글치는 내 말을 서너 번 반복하더니 손에 쥔 펜을 종이 위로 옮겼다. 흰 종이에 검은색 글씨가 한두 자씩 모습을 드러냈다. 검은색 글씨는 문장이 되고, 문단이 되었다.

'나'를 주제로 쓰라니 조금 혼란스럽다. 난 누굴까? 난 이름도 있고, 주소도 있고, 부모도 있고, 장점이랑 단점도 있다. 그런데 그게 나일까? 나는 회를 좋아하고 요리를 잘하고 스포츠를 좋아한다. 그게 나인가? 평소에는 내가 누구인지 분명히 알 것 같았는데 지금 생각하니 내가 누구인지 도대체 알기 어렵다. 아마도 시우샘은 나를 보는 힘이 어느 정도인지 보려고 '나'에 대해 써 보라고 하는 모양인데 아무래도 나는 나를 잘 모른다고 결론이 날 것으로 생각된다.

글치는 연필을 놓았다.

"여기까지 쓸게요. 더 이상 못 쓰겠어요. 진짜 힘들어요."

"제일 어려운 글이 자기소개서야. 대학입시나 회사에서 자기소개서를 요구하는데 대다수 사람들이 어떻게 써야할지 막막해하지. 그만큼 우리는 자기 자신을 잘 몰라."

"다른 주제보다 훨씬 어려워요."

"종교와 철학에서는 '나는 누구인가?'를 가장 중요한 문제로 여겨. 나는 내가 누구인지 알면 더 이상 다른 고민은 할 필요가 없다고 생각해."

"에고, 그런 어려운 주제를 저에게 주시다니 너무 하세요."

말은 그렇게 했지만 글치의 얼굴색이 조금 밝아졌다.

"난 너에게 철학과 종교에 관한 글을 쓰라고 하지 않았어. 다만 '나'를 주제로 쓰라고 했을 뿐이지."

"아!"

내 글의 중심은 나

문장력을 이루는 첫 번째 요소는 **'나를 정확하게 보는 힘'**이다. 나를 알아야 '내 글'을 쓴다. 나를 모르면 '내 글'을 쓰지 못한다. 많은 청소년들이 뻔한 글을 쓰는 이유는 자신을 잘 몰라서다. 자신을 알지 못하기 때문에 남들이 보기에 그럴 듯한 글만 쓴다.

"내가 쓰는 글은 전부 내가 중심이야."

"맞아요. 너무 '나'라는 주제의 무게감에 짓눌렸어요. 그냥 아무거나 내 생각을 쓰면 그게 '나'에 대해 쓰는 거였는데."

"생각만?"

"아! 경험, 지식, 느낌, 감각, 상상도 모두 내 거에요."

"요즘 애들은 도대체 자신에게 관심이 없어."

"아닌데요."

글치가 강하게 반박했다.

"얼마나 이기적인데요. 전부 자기밖에 몰라요. 남을 생각할 줄 몰라요. 자신에게만 관심을 두고 남에겐 전혀 관심이 없어요."

"이기적이긴 하지."

"그게 자기밖에 모른다는 뜻이잖아요."

"너드 이기적이겠네."

"음, 인정하기 싫지만 솔직히……."

"넌 이기적이니까 넌 너 자신을 잘 알겠네?"

글치는 대답을 못하고 곤혹스런 표정을 지었다.

"자신에게 진실로 관심을 두면 자신을 잘 알아. 관심을 기울이면 대부분 잘 알게 돼. 하지만 청소년들은 자신을 잘 몰라. 자신에게 관심을 기울이지 않기 때문이지. 청소년의 이기심은 그저 물질과 성적에서 자기 몫을 더 많이 챙기려는 욕심일 뿐이야. 그건 자기 관심과는 완전히 다르지."

"그건 그래요."

"너도 그렇잖아. 네가 뭘 하고 싶은지, 네가 진실로 원하는 꿈이 무엇인지 아직도 잘 모르잖아. 너의 성격, 너의 특성, 장점과 단점조차 제대로 몰라. 너 자신이 오늘 하루 살았던 삶이 어떠했는지도 잘 기억하지 못해."

글치는 시무룩해졌다.

"당연하죠. 하루하루가 똑같은데……. 공부 말고 특별히 기억할 게 없어요."

"그럴까?"

관찰의 힘

내가 아는 선생님이 베스트셀러 작가인 공지영 씨와 술을 마신 적이 있다고 한다. 술자리는 밤늦게까지 이어졌고, 재미난 얘기가 오고갔다. 자신은 즐겁게 놀고 즐겼다. 그런데 얼마 뒤에 그날 밤 술자리가 공지영 작가의 손을 거쳐 신문에 실렸다. 자신은 무슨 대화가 오고갔는지도 잘 기억이 나지 않는데 글에 나타난 술자리는 정말로 멋졌다. 글이 지닌 힘이었다. 그 선생님은 "작가는 아무나 하는 게 아니네."하며 공지영 작가의 글 솜씨에 감탄했다고 한다.

나는 그 선생님의 경험에서 글쓰기의 핵심을 보았다. 글쓰기는 '발견하는 힘'이다. 그냥 내버려두면 그저 좋았던 모임 정도로 기억되지만, 자기 눈으로 발견해서 글로 써 놓으면 전혀 다른 의미로 남는다. 공지영 작가는 발견하는 힘이 뛰어날 뿐이다.

1940년대 초 독일에 살던 한 유태인 소녀의 삶은 특별하지 않았다. 전쟁과 히틀러의 탄압에 몸을 떠는 수많은 유태인들의 삶과 비슷했다. 그 소녀는 다른 유태인과 다를 바 없는 상황에서 일기를 꾸준히 썼다. 그 일기는 나중에 발견되어 '안네의 일기'라는 이름으로 세상에 알려졌고, 그 소녀의 특별하지 않은 삶은 일기를 통해 아주 특별한 삶으로 탈바꿈했다.

특별한 일을 글로 쓰는 게 아니라, 글로 쓰면 특별해진다. 누구에게나 하루 24시간이지만 글을 통해 자신의 삶을 정리하고 의미를 발견하는 습관을 가진 사람에게 삶은 전혀 다르게 기억된다. 일기가 지닌 힘이다. 정확하게는 글이 지닌 힘이다. 글은 생각을 분명하게 하고, 기억을 명확하게 하며, 삶에 특별한 의미를 부여한다.

내 삶을 글로 쓰면 특별한 삶이 된다. 모두들 특별하게 살고 싶어 한다. 특별하게 살려면 많은 돈을 벌거나, 출세하거나, 남과 다른 특별한 일을 해야 한다고 생각하지만, 그렇다고 해서 특별해지지 않는다. 특별하게 살려면 내 삶을 내 스스로 가치 있게 만들면 된다. 내 삶을 스스로 가치 있게 만드는 가장 좋은 방법은 내 삶의 가치를 스스로 발견해서 기록하는 것이다. 글쓰기는 나를 특별한 존재로 만든다.

"특별한 일을 글로 쓰는 게 아니라, 글로 쓰면 특별해진다! 정말 마음에 와 닿아요."

글치는 노트에 이 문장을 쓰더니 몇 번 반복하여 읽었다.

특별한 일을 글로 쓰는 게 아니라 글로 쓰면 특별해진다.

"셜록 홈스를 보면 왓슨과 홈스가 '관찰'에 관해 나누는 대화가 나와. 왓슨은 홈스의 추리력에 감탄하면서 그 비결이 뭐냐고 묻지. 홈스는 '관찰하는 힘'이라고 대답해. 왓슨이 별 생각 없이 바라보는 주변의 풍경이나 장면을 예민하게 관찰하기 때문에 남이 보지 못하는 진실을 본다는 거야."

"제가 추리 소설을 좋아하는데, 명탐정들은 다 그래요. 남들이 보지 못하는 걸 볼 줄 알죠."

"그게 관찰의 힘이야."

"그냥 눈으로 보기와 관찰은 확실히 다른 것 같아요."

난 '다른 것 같아요'라는 말이 귀에 거슬렸다.

"다른 것 같아? 아니면 달라?"

난 일부러 말꼬리를 잡고 물었다.

"아! 달라요. 눈으로 보기와 관찰은 확실히 달라요."

"어떻게 다르지?"

"관찰은 관심을 두고 섬세하게 들여다보게 만들어요. 집중해서 생각하고, 하나하나 꼼꼼하게 보도록 만드는 것 같아요."

"맞아. 그리고 가장 중요한 차이가 하나 빠졌어."

"뭐죠?"

"기억하기!"

"아!"

글치가 무릎을 탁 쳤다.

“관찰하는 힘이 강한 사람은 기억을 한단다. 자신이 본 풍경이나 사람, 실험, 글, 이미지를 명확히 기억하지. 반면에 그냥 보기만 하는 사람은 기억하지 못해. 그게 가장 큰 차이지.”

“진짜 그래요. 어떤 친구는 자신이 좋아하는 연예인에 관해서는 한 번 본 것도 다 기억해요. 어떻게 그렇게 사소한 말 한마디, 행동 하나까지 전부 기억하는지 놀랍다니까요.”

“그게 관찰의 힘이지. 관심이 크니까 자연스럽게 관찰하고, 관찰하니까 기억하지.”

글치는 연필을 붙잡고 톡톡 치며 고민하더니, 잠시 뒤 메모를 했다.

내 삶에 관심을 기울이자.

내가 한 경험과 생각을 기억하자.

내 삶의 주인은 바로 나다. 내 삶 속에서 벌어진 일을 가장 잘 기억하고, 가장 정확하게 평가하는 사람은 바로 나다. 누군가의 기억이나 평가는 중요하지 않다. 내가 나를 기억하고, 나를 올바르게 평가해야 한다.

내 경험에 관심을 기울이자. 내 생각에 관심을 기울이자. 내 느낌에 관심을 기울이자. 내가 알고 있는 지식에 관심을 기울이자. ‘나는 누구인가?’라는 질문을 너무 어렵게 생각하지 말자. 내 경험, 생각, 느낌, 지식이 바로 나다.

기억은 놔두면 약해진다. 기억이 사라지기 전 글로 남기자. 내가 남긴 글은 내 기억을 강화시키고, 나를 나답게 만든다.

문장력을 기르는 출발점

"나를 바라보는 힘은 진로 찾기를 할 때나 필요한 줄 알았는데 문장력의 기본이라니 솔직히 낯설어요."

"학교에서 '나 바라보기'를 경험할 기회를 주지 않기 때문이지. 나 자신의 경험, 생각, 느낌, 지식을 바라보고 표현하는 기회를 많이 주어야 하는데, 다른 사람이 만들어 놓은 교과서와 참고서만 쳐다보게 해. 자신을 모르니 자기 속에서 나와야 하는 문장이 엉망일 수밖에 없지."

"제가 제대로 할지 걱정스러워요."

"안 해봐서 못할 뿐이지. 습관이 되면 누구나 할 수 있단다."

글치가 살짝 웃었다. 두려움과 부담에서 약간 벗어난 듯했다.

"경험, 지식, 생각, 느낌, 이 네 가지라고 했잖아요. 무엇부터 시작할까요?"

"뭐가 쉬워 보여?"

"음, 글쎄요. 잠시 생각 좀 하고요."

눈동자가 왼쪽 위로 올라갔다. 손가락으로 책상을 톡톡 두드렸다. 사색의 시간이다.

"경험이나 지식은 쉬운 편에 속하고, 생각과 느낌은 어려운 편에 속해요."

"그렇게 생각한 근거는?"

"음, 경험은 분명하잖아요. 지식도 마찬가지고. 생각이랑 느낌은 명확하지가 않아요. 논리적인 글쓰기는 정말 어려워요."

"느낌은 쉽지 않을까?"

글치는 얼굴을 손으로 쓸었다.

"아뇨. 저도 쉽다고 생각했는데 뭐랄까, 막상 글로 쓰는 상황을 떠올려보니 쉽지 않겠어요."

"이번엔 나랑 생각이 같네."

경험이나 지식은 표현하기 쉽다. 분명하기 때문이다. 깊이 생각하고 고민하는 과정이 크게 필요 없다. **경험과 지식을 글로 옮기기 위해서는 분명한 기억이 필요할 뿐이다.** 반면에 느낌이나 생각은 분명하지 않다. 자신이 자신의 느낌과 생각을 제대로 모르는 경우도 많다. 느낌과 생각은 내 안에서 이루어지기 때문에 골똘히 살피지 않으면 알기 어렵다. 느낌과 생각은 빨리 변한다. 특히 느낌은 하루에도 수십, 수백 번 변한다. 생각은 느낌보다는 덜 하지만 마찬가지로 자주 변한다. 불분명한데다 빨리 변하는 느낌과 생각, 글로 옮기기 정말 어렵다.

"문장력을 기르려면 분명하고 변하지 않은 특성을 지닌, 경험과 지식을 글로 옮겨보는 과정부터 밟아야 해. 내일까지 네가 한 경험을 글로 써와. 한 편이어드 좋고, 여러 편이어도 좋아."

"어떤 식으로 써요?"

"깨끗하고 두툼한 노트 한 권을 마련한 뒤에 글로 남기고 싶은 경험을 자유롭게 써."

"인상 깊은 사건을 써야 하나요, 아니면 하루 전체를 써야 하나요? 꼭 내 얘기만 써야 하나요? 다른 사람 얘기를 써도 되나요? 그리고 얼마나 써야 하나요?"

"앞에서도 얘기했지만, 네가 그런 질문을 던질 때마다 내가 해줄 답은 단 하나야."

난 집게손가락 하나만 세워서 글치 눈에 바짝 붙였다.

"내가 제시한 조건 외에는…… 네 맘대로 해."

무언가 말을 하려다 글치가 입을 다물었다.

"문장력의 기본은 자신을 바라보는 힘이야. 너 스스로 너 자신을 바라봐. 너 자신을 얼마나 스스로 잘 바라볼 줄 아느냐가 문장력의 수준을 결정하니까. 단, 10분 정도는 꼭 고민하도록 하자."

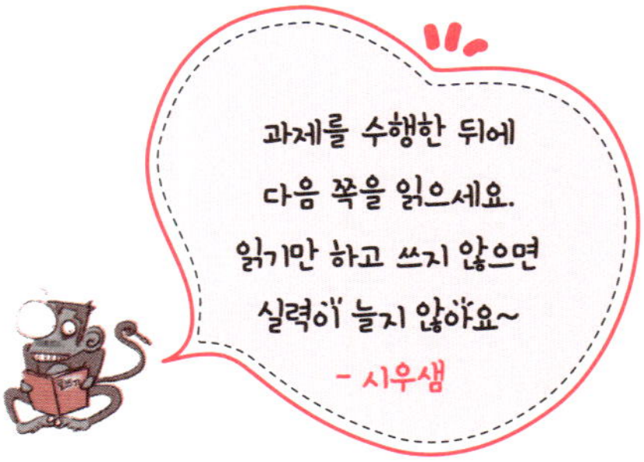

경험을 쓴다 02

다음 날, 글치와 난 다시 책상을 마주하고 앉았다.

"과제는 했니?"

"네, 여기요."

깔끔하고 두툼한 노트였다. '글치의 글쓰기 노트'라는 굵은 글씨가 선명했다.

"세 편이나 썼네. 한 편만 써도 기특하다고 할 참이었는데."

"정말 열심히 썼어요. 이렇게 고민을 많이 하며 글을 쓴 적이 없는 것 같아……아니 없어요."

짝! 짝!

"멋지다. 자세가 중요하지. 자신을 열심히 관찰해서 글을 쓰려는 자세를 갖추면 이미 절반은 성공이야."

"시작이 반!"

"그렇지. 이럴 때 딱 맞는 속담이지. 자, 그럼 어디 한번 볼까."

나는 글치가 정성들인 만큼 글치 글을 읽는데 정성을 들였다. 세 편을 꼼꼼하게 읽은 뒤 글치를 바라봤다. 잔뜩 긴장한 채 내 반응을 기다리는 얼굴이었다.

"애쓴 흔적이 묻어나는 구나."

"고맙습니다. 히히."

"그리고 많이 아쉬워."

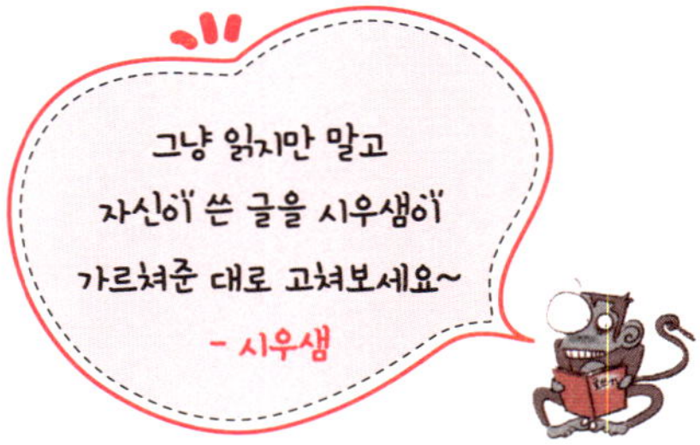

1초 단위로 쪼개서 쓴다

조금 펴졌던 글치 얼굴이 다시 굳어졌다. 나는 자리를 옮겨 글치 옆으로 갔다. 글치가 쓴 글을 함께 읽었다.

…… 선생님께 전화를 하고 난 뒤 축구를 하고 학원에서 공부를 했다. 친구들과 재미있는 얘기를 하다가 걸려서 혼이 난 뒤, 학원이 끝난 후 집에 갔다. ……

"이게 왜요? 제가 보기엔 별 문제 없는데."

"문제는 없지. 다만 읽으나마나한 글일 뿐이지."

"읽으나마나하다니요? 왜요?"

"전화하고, 축구하고, 공부하고, 친구와 얘기하다 혼나고, 집에 갔다. 이런 글 읽어서 뭐하게?"

"음, 그래도 제 생활이 이랬는데 어쩌겠어요."

글치는 한숨을 길게 내쉬웠다.

"문장력이란, 첫째……."

글치가 내 말을 자르고 들어왔다.

"자신을 관찰하는 힘이다."

"그래, 네 글엔 너 자신을 세밀하게 관찰한 흔적이 없어. 예를 들어 볼까."

…… 선생님께 전화를 하고 ……

"이게 어때서요?"

"무슨 용건으로? 언제?"

"그런 것도 다 써야 하나요?"

"내가 말했지, 그건 너의 자유라고. 난 관찰하는 힘이 무엇인지 너에게 알려주기 위해 예를 드는 거야."

글치가 고개를 끄덕였다.

"무슨 일로 전화를 걸었어?"

"학원에서 내준 숙제를 까먹어서 물어보려고요."

"언제?"

"4시 반쯤에요."

"전화는 어떤 식으로 걸었어?"

"그냥 걸었죠."

"그냥이라! 그냥처럼 모호한 말도 없지. 오른손으로 전화를 꺼냈어? 왼손으로 꺼냈어? 스마트폰이니 패턴을 풀었을 테고, 전화번호 검색도 했겠지. 통화 버튼을 누르면 신호가 갔을 테고, 몇 번 신호가 간 뒤에 통화를 했어?"

"헉! 그렇게 자세히 써야 한단 말이에요?"

"내가 다시 얘기하지만 이건 하나의 예야. 네가 한 행동, 네가 겪은 경험을 세밀하게 관찰해서 쓰는 하나의 방법을 말했을 뿐이라고. 자꾸 그렇게 물어보면 내 대답은 똑같아. 어떤 부분을 자세히 쓰는지는 너의 자유야. 그리고 네가 자기 자신을 관찰하는 힘을 키우려면 내가 말한 방법을 사용해서 자기 행동을 세밀하게 쓸 줄 알아야 해. 그래야만 어느 부분은 세밀하게 쓰고, 어느 부분은 강조할지가 명확히 드러나지."

"관심을 기울여 내 행동을 관찰하고, 내가 쓰고 싶은 부분에 세밀하게 관심을 기울여 써야 한다는 말이죠."

"이제야 알아듣네."

자기 경험을 쓰라고 하면 뭉뚱그려서 쓰는 경우가 많다. 자신이 겪은 경험을 세밀하게 쓰지 못하면 지식이나 생각은 더욱 쓰기 힘들다. 경험을 능수능란하게 쓰면 다른 글도 잘 쓰는 힘이 생긴다. 경험을 세밀하게 쓰는 힘을 기르려면 **자신이 겪은 경험을 1초 단위로 세밀하게 쪼개서 글로 옮겨보는 연습**을 하는 것이 좋다.

자신이 쓴 글을 쳐다보며 한참을 고민하던 글치는 느릿느릿 펜을 움직였다. 가끔씩 머리를 쥐어짜고, 하늘을 멍하니 바라보기도 했다. 손가락으로 책상을 톡톡 치기도 하고, 골치가 아픈 듯 얼굴을 찡그리기도 했다.

"진짜 어렵네요. 휴~! 아무튼 다 썼어요."

"처음이니까 힘들지. 이런 연습을 일주일만 반복하면 자신을 관찰해서 쓰는 힘이 훨씬 나아질 거야. 어디 네가 다시 쓴 글을 한번 볼까."

논술 학원에서 이번 주에 읽어야 할 책이 뭔지 몰랐다. 선생님께 여쭤봐야겠다고 생각하고 전화를 꺼내서 패턴을 풀고 전화번호를 검색하고 전화를 걸었다. 약 7초 후에 선생님이 전화를 받으셔서 "선생님, 오늘 책 이름이 뭐에요?" 하고 여쭈었더니 선생님이 카톡으로 알려준다고 해서 전화를 끊고 기다렸는데 카톡으로 책 이름이 와서 확인한 뒤에 서점으로 가서 물어보니 그런 책이 없다고 했다.

"선생님께 전화를 했다는 문장 속에 이런 많은 얘기가 숨어 있었구나."

"그러게요. 제가 써 놓고 보니까 확실히 그렇게 간단히 쓸 게 아니었네요."

"그치? 세밀하게 써 놓고 나니까 달라지지? 아직 부족한 점이 많지만, 첫발은 아주 잘 내디뎠어. 하나만 더 고쳐 볼까."

…… 친구들과 재미있는 얘기를 하다가 걸려서 혼이 난 뒤 ……

"이것도 1초 단위로 쪼개서 자세히 써야 한단 말이죠. 휴~, 힘든데."

그러면서도 글치는 펜을 들고 열심히 고민하며 썼다.

…… 학원에서 재미있게 얘기를 했다. 요즘 한참 인기 많은 드라마 얘기였는데 선생님이 들어오는지도 모르고 신나게 떠들다가 선생님이 들어와서 막

야단을 쳤다. '너희들은 공부 시간이 됐는데도 준비도 안 하고 책상에 앉아서 그렇게 떠들면 되겠냐'면서 막 화를 냈다. 숙제 검사할 것이 많이 없는 것이 천만다행이었다. 왜냐하면 숙제 검사가 없었으면 야단을 더 길게 맞았을 텐데 숙제 검사 때문에 많이 야단을 맞지 않았다. ……

"어떤 일이 벌어졌는지 확연히 떠오르네."

"제가 봐도 그러네요."

경험을 쓰라고 하면 뭉뚱그려서 대충 글을 쓰는 경우가 많다. 기억을 하며 쓰라고 해도 잘 쓰지 못한다. 그럴 경우에는 1초 단위로 세밀하게 기억 속의 장면을 떠올리며 한 장면을 한 문장으로 옮기는 연습을 해야 한다. 1초에 한 문장이면 단 30초만 해도 엄청난 문장이 탄생한다. 항상 그렇게 쓰라는 말은 아니다. 정밀하고 세밀하게 글 쓰는 힘을 키우기 위한 훈련법일 뿐이다. 물론 어떤 때는 1초가 아니라 그보다 짧은 시간으로 쪼개서 글을 쓰기도 한다. 어떤 식으로 쓰는지는 쓰는 사람의 몫이다.

동영상을 보며 자세히 쓴다

"1초 단위로 상황을 쪼개서 기억하며 글을 쓰니까 글이 세밀해지고 좋기는 하지만, 솔직히 기억해서 쓰기가 너무 어려워요. 잘 기억나지 않는 경우도 많고, 내가 제대로 기억을 했는지 확신이 서지도 않고. 어떻게 써야 세밀하고 실감나게 쓰는지 잘 모르겠어요. 다른 방법은 없나요?"

"혹시 스마트폰에 저장해둔 동영상 있니?"

"동영상이요? 있긴 한데, 왜요?"

"일단 제일 마음에 드는 동영상 하나만 골라."

글치는 영문도 모른 채 스마트폰을 한참 살피더니 동영상 하나를 골랐다. 친구들끼리 교실에서 재미있게 노는 동영상이었다. 함께 동영상을 봤는데 나는 신나게 웃었지만 글치는 별 반응이 없었다.

"진짜, 웃긴다. 요즘은 학교에서 이런 거 찍으면서 노나 보네."

"뭐, 가끔……."

글치는 시큰둥했다.

"동영상을 왜 고르라고 하신 거죠? 혹시?"

"네 짐작이 맞아. 동영상을 글로 옮기는 거야. 영상을 아주 세밀하게, 1초 단위로 나누어서 글로 옮겨 봐."

"그걸 어떻게 해요?"

글치가 막막한 표정을 지었다.

"기억이 분명하지 않을 때 기억을 떠올리며 글쓰기를 하는 건 어렵지만, 동영상을 보면서 쓰면 확실하니까 더 쉬워."

"해보지 않아서……."

"동영상을 보며 글을 쓰다 보면 경험을 떠올리며 쓰는 힘이 자연스럽게 생겨. 그래서 해보라고 한 거니까 한번 해봐."

"다시 한 번 동영상을 봐도 되나요?"

"물론, 여러 번 봐도 되고, 끊어서 천천히 봐도 돼."

글치는 동영상을 몇 번이나 보더니 영상을 글로 옮겼다. 잠깐 쓰다가 보고, 다시 보고 쓰기를 반복했다.

…… 선생님이 칠판을 보며 판서를 시작하자마자 1분단 쪽 애들이 일어섰다. 다섯 명이 일제히 일어나서 손을 들었다. 오른쪽으로 움직이며 손을 흔들고 왼쪽으로 움직이며 손을 흔들었다. 선생님이 이상한 낌새를 채셨는지 고개를 살짝 돌렸다. 그러자 1분단 애들은 언제 그랬냐는 듯 전부 자리에 앉았다. 다시 선생님이 판서를 시작하자 2분단 애들이 일어났다. 이번엔 오른손을 빙글빙글 돌리며 손가락을 위로 찌르고 엉덩이를 흔들었다. 선생님이 돌아선 기미를 보이지도 않았는데 2분단 애들은 앉았고, 3분단 애들이 일어났다. ……

대부분은 자기가 한 경험을 특별하게 기억하지 않는다. 아주 인상이 깊고 특별한 경험이 아닌 한 망각 속으로 사라진다. 솔직히 특별한 경험조차 제대로 기억하지 않는다. 경험을 기억하지 않다보니 경험 쓰기처럼 쉬운 글쓰기가 없음에도 쓰기조차 어려워한다. 반면에 영상은 잘 기억한다. 영상에 워낙 익숙한 세대다 보니 자신의 경험조차 영상을 보듯이 기억한다. 경험 쓰기란 따지고 보면 영상을 글로 옮기는 작업이다. 영상은 경험을 움직이는 그림으로 저장하고, 글은 문자로 경험을 저장한다. 요즘 청소년들은 영상에 익숙하므로 글쓰기 실력을 기르는 데 영상을 적절히 활용해도 좋다.

녹음한 뒤에 옮겨 쓴다

"영상을 보며 글을 쓰니 생각보다 글쓰기가 훨씬 쉽네요."

"당연하지. 그냥 기억을 떠올리며 쓸 때보다 훨씬 생생한 문장이 나오지?"

"네."

글치는 자신이 쓴 글을 뿌듯하게 바라봤다. 한참 글을 읽던 글치는 뭔가 생각이 난 듯 물었다.

"동영상이 있으면 좋지만, 없는 경우가 더 많잖아요. 그럴 경우는 어떻게 해요?"

많은 청소년들이 자신이 겪은 경험을 수다스럽게 잘 말한다. 기회만 주면 재미있게 털어 놓는다. 말은 수다스럽게 잘 늘어놓지만 정작 경험을 글로 옮기라고 하면 잘 옮기지 못한다. 부모들을 만나보면 말은 잘하는데 글을 쓰지 못해 걱정이란 얘기를 많이 털어놓는다.

말은 익숙하고 표현하기가 쉽다. 평상시에 늘 사용하기 때문이다. 반면에 글은 표현하기가 훨씬 까다롭다. 말은 한 번 뱉어내고 나면 흘러가 버리지만 글은 그대로 남는다. 말보다 글이 훨씬 분명하다. 이런 이유로 말하기보다 글쓰기를 어렵게 여긴다.

말은 제법 하는데 글쓰기를 힘들어할 경우에는 녹음을 한 뒤에 글로 옮기는 방법이 좋다. 글은 체계를 잡아서 써야 한다는 부담감이 크지만 말은 부담감이 크지 않다. 편하게 녹음을 한 뒤에 녹음기를 들으면서 그대로 글로 옮긴다.

"녹음이라…… 진짜 좋은 방법이네요."

"오늘 학교에서 겪었던 일 하나 얘기해볼래?"

"오늘 일이라…… 별일 없었는데……."

"문장력의 출발은……?"

"나를 바라보는 힘이다."

"자신을 바라봐. 기억을 떠올려. 특별한 일이기에 쓰는 게 아니라, 글로 옮기면 특별한 일이 돼. 문장력이란 발견하는 힘이야. 항상 명심해."

글치는 잠시 기억을 되살리려고 애썼다.

"음, 점심 때……."

"잠시만 내가 녹음을 할게."

난 스마트폰을 꺼내서 녹음을 했다.

"점심 때였어요. 식당에서 기다리는데 친구 녀석이 새치기를 했어요. 내가 슬쩍 밀면서 하지 말라고 했거든요. 그랬는데도 신경도 안 쓰고 모른 척했어요. 전 옳지 못한 일이라고 생각했어요. 그렇다고 따지기도 그렇고. 그냥 내버려뒀어요."

"그 뒤엔 별일 없었어?"

"음, 그러다 앞쪽을 살살 살피더니 자기랑 친한 애들 둘을 발견하고는 또 새치기를 시도했죠."

"오호, 흥미진진한 걸."

"그런데 이번엔 실패했어요. 저한테 다시 돌아왔어요. 어찌나 고소하던지."

"어쩌다 실패했는지 궁금한 걸."

"그 둘이 단호하게 잡아끌었거든요."

"자세히 듣고 싶은데?"

"음, 그러니까 둘 앞으로 서려고 했는데 뒤쪽 애가 옷을 잡아서 뒤로 끌어냈어요. 처음엔 가만히 있던 앞쪽 애도 덩달아 잡아당겼죠. 끼어들기를 시도하던 애는 실실 웃으며 버티려고 했는데, 뒤에 있던 둘이 워낙 세차게 잡아당겼고, 그 애도 둘이 심각하자 포기하고 다시 돌아왔죠."

"넌, 순순히 받아줬어? 너도 새치기 당한 거잖아."

"솔직히 앞쪽으로 바짝 서서 안 비켜주려다가 괜히 다툼이 생길까 봐 그만뒀어요."

난 녹음 중지 버튼을 누르고 저장을 했다.

"좋아. 이 정도면 충분하네. 이제 녹음한 걸 들으면서 써 보렴."

하루 10분 글쓰기 4_ 내가 한 경험을 녹음한 뒤에 쓰기

글치는 녹음했던 내용을 들으면서 글을 썼다. 듣기를 멈추고 쓰는 경우가 많았고, 어떤 때는 앞으로 한참 돌려서 다시 듣기도 했다.

…… 오늘 점심때였다. 식당에서 기다리는데 친구 녀석이 새치기를 했다. 난 친구를 밀면서 하지 말라고 했다. 하지만 친구는 신경도 안 쓰고 모른 척하며 새치기를 했다. 난 옳지 못한 일인 것 같았다. 하지만 따지기 싫어서 그냥 두었다. 그러다 앞쪽을 살살 살피던 친구는 자기랑 친한 애들 둘을 발견하고는 또 새치기를 시도하는 것이다. 이번엔 실패였다. 둘 앞으로 서려고 했는데 뒤쪽 애가 옷을 잡아서 뒤로 끌어냈다. 처음엔 가만히 있던 앞

쪽 애도 덩달아 잡아당겼다. 둘 다 인정사정 보지 않고 잡아 당겼다. 끼어들기를 시도하던 애는 실실 웃으며 버티려고 했지만, 뒤에 있던 둘이 워낙 세차게 잡아당기고 심각한 표정을 짓자 포기하고 다시 돌아왔는데 난 솔직히 바짝 서서 안 비켜주려다가 다툼이 생길까 봐 그만두었다. ……

"말한 그대로 쓰지 않고 약간 순서를 바꾸고, 표현도 바꿨구나."
"자연스럽게 보이게 하려고요."
"훌륭해. 좋은 시도야."

혼자 녹음을 하려면 조금 쑥스럽기도 하다. 그럴 땐 주위에서 도움을 받는다. 듣는 사람이 적당히 맞장구도 쳐주고, 질문도 던지면 말하는 사람은 훨씬 재미있고, 혼자 말할 때보다 자세한 사건이 나온다. 기억도 훨씬 분명해지고, 표현도 다양해진다.

대화에는 따옴표를 적절하게 사용한다

글치가 쓴 두 번째 글을 읽었다. 제목은 '내가 꾼 꿈'이었다.

우리 학교가 좀 작아지고 건물은 틀렸는데 학생은 그대로였던 것 같다. 학기 시작이어서 수업 신청을 받는 학교였는데 내가 수업 신청을 하는데 ○○샘이 나한테 1, 2학년 수학 수업을 들으라고 했다. 1, 2학년 애들이 내가 안 듣는다고 뭐라 했다고 했다. 그래서 내가 들어야 하나 했는데 듣기 싫었다. 근데 어쩔 수 없이 들어야 했다. 그리고 나랑 ㅁㅁ랑 교실 안에 있는데 반대쪽 창문으로 반대 건물에서 △△가 수업을 듣는데 누가 △△이 머리를 감겨 줬다. 그래서 나랑 ㅁㅁ가 나오면서 아 우리도 저 수업 들을 껄 했다. 그러고 나오는데 신발장에서 ○○샘이 내 신발을 보고 그렇게 구겨 신으면 안 된다고 막 머라했다. 근데 나가 보니깐 그 신발이 내 신발이 아니였다.

"먼저, 여기 '건물은 틀렸는데'란 표현. '틀린'이 아니라 '다른'이야."

"아!"

지적을 했지만 글치는 나중에 또다시 '다른'을 '틀린'으로 종종 썼다.

"중요한 건 대화인데, 네가 쓴 글에서 대화인 부분을 전부 표시해보렴."

"대화라면……. 그러니까 말을 한 부분을 표시하라는 거죠?"

"응."

우리 학교가 좀 작아지고 건물은 틀렸는데 학생은 그대로였던 것 같다. 학기 시작이어서 수업 신청을 받는 학교였는데 내가 수업 신청을 하는데 ○○샘이 나한테 1, 2학년 수학 수업을 들으라고 했다. 1, 2학년 애들이 내가 안 듣는다고 뭐라 했다고 했다. 그래서 내가 들어야 하나 했는데 듣기 싫었다. 그리고 나랑 ㅁㅁ랑 교실 안에 있는데 반대쪽 창문으로 반대 건물에서 △△가 수업을 듣는데 누가 △△이 머리를 감겨 줬다. 그래서 나랑 ㅁㅁ가 나오면서 아 우리도 저 수업 들을 껄 했다. 그러고 나오는데 신발장에서 ○○샘이 내 신발을 보고 그렇게 구겨 신으면 안 된다고 막 머라했다. 근데 나가보니깐 그 신발이 내 신발이 아니였다.

"지금 밑줄 친 말을 전부 큰따옴표(" ")를 사용해서 분리해봐."
"어떻게요? 잘 모르겠어요. 그리고 굳이 그렇게 해야 하나요?"
"여기 글이 한 편 있는데, 한 번 읽어 봐."
난 글치에게 다른 학생이 쓴 글을 내밀었다.

월요일이면 우린 EPL 얘기를 많이 한다. 난 토트넘을 좋아하는데 다른 아이들 중에는 첼시를 좋아하는 아이들이 많다. 특히 내 옆 친구와 난 토레스를 주제로 말싸움을 많이 한다. 내가 토레스가 오늘도 벤치 신세인 걸 놀리면 그 아인 바득바득 토트넘의 아데바요르 선수도 못한다며 묽고 늘어진다. 난 아데바요르는 아파서 못 나온 거고 토레스는 못하니까 못 나오는 거지. 즉 토레스랑 아데바요르는 급이 다르다고 말했다. 내 말을 들은 그 아이는 조금 화가 난 듯 토레스의 부활을 주장했다. 저번 경기에서 어시스트 하나 했단다. 그러면 난 공격 포인트 하나 올리는 데 90억이나 주느냐며 차라리 박주영이 훨씬 낫다고 말해준다. 월요일 아침 친구와 나누는 대화는 늘 신난다. 특히 요즘처럼 토트넘이 첼시를 확실하게 이길 때는 더욱 신난다.

"다음 글은 이걸 수정한 거야. 두 글을 비교해보면서 읽어 보렴."
난 글치에게 수정한 글을 내밀었다.

월요일이면 우린 EPL 얘기를 많이 한다. 난 토트넘을 좋아하는데 다른 아이들 중에는 첼시를 좋아하는 아이들이 많다. 특히 내 옆 친구와 난 월요일이면 우린 EPL 얘기를 많이 한다. 특히 내 옆 친구와 난 토레스를 주제로 말싸움을 많이 한다.

"야, 토레스는 오늘도 벤치구나."

내가 놀리면 그 아이도 지지 않고 반박한다.

"야, 아데바요르도 이번에는 안 나왔더만."

나도 지지 않는다.

"아데바요르는 아파서 못 나온 거고, 토레스는 못하니까 못 나오는 거지. 즉, 토레스랑 아데바요르는 급이 달라, 이 친구야."

내 말을 들은 그 아이는 조금 화가 난 듯했다.

"토레스는 곧 부활한다. 저번 경기에서 하나 어시스트했잖아."

"아이고, 공격 포인트 하나 올리는데 90억이나 주고 하냐? 차라리 그 돈으로 박주영 데려와서 해도 토레스보다는 더 많이 올리겠다."

월요일 아침 친구와 나누는 대화는 늘 신난다. 특히 요즘처럼 토트넘이 첼시를 확실하게 이길 때는 더욱 신난다.

글치는 두 글을 열심히 비교해보면서 읽었다.

"어때?"

"큰따옴표를 사용한 글이 훨씬 부드럽고 읽기도 좋네요."

"왜 큰따옴표를 사용하라고 하는지 알겠지? 물론 모든 말을 다 큰따옴표에 넣어서 분리할 필요는 없어. 적절하게 큰따옴표를 사용하면 글이 훨씬 생동감 넘치지."

글치는 밑줄 친 부분을 전부 큰따옴표로 분리해서 다시 썼다.

우리 학교가 좀 작아지고 건물은 달랐는데 학생은 그대로였던 것 같다. 학기 시작이어서 수업 신청을 받는 학교였는데 내가 수업 신청을 하는데 ○○샘이 나한테 말했다.

"야, 1, 2학년 수학 수업을 듣는 게 어떠니?"

내가 아무 반응이 없으니 ○○샘은 계속 말씀하셨다.

"1, 2학년 애들이 네가 안 듣는다고 뭐라 하더라."

난 ○○샘 말씀을 듣고 '내가 수업을 들어야 하나' 하는 생각이 들었지만 듣기는 싫었다.

그리고 나랑 □□랑 교실 안에 있는데 반대쪽 창문으로 반대 건물에서 △△가 수업을 듣는데 누가 △△이 머리를 감겨줬다. 그래서 나는 □□와 나오면서 말했다.

"아! 우리도 저 수업 들을 걸."

교실에서 나오는데 신발장 앞에서 ○○샘이 내 신발을 보고 말했다.

"그렇게 구겨 신으면 안 되지."

난 나가서 신발을 봤다. 근데 ○○샘이 말한 신발은 내 신발이 아니었다.

"네가 처음 쓴 글과 지금 쓴 글을 견줘 봐. 확실히 다르지?"

"진짜 그러네요. 완전히 다른 글이네요. 제가 이렇게 글을 잘 썼나 싶을 정도에요."

감각도 경험이다

난 글치가 쓴 세 번째 글을 읽었다. 자신이 겪은 경험을 썼고, 부족한 부분도 비슷했다.

"솔직히 네가 꿈을 써와서 놀랐어."

"왜요? 꿈은 경험이 아닌가요?"

"당연히 꿈도 경험이지. 그리고 경험을 쓰라고 하면 자신이 직접 겪은 사건을 쓰는 경우가 대부분이고, 꿈을 경험이라고 여기는 경우는 많지 않거든. 네 글이 조금 특별했어."

특별하다는 말에 글치는 우쭐했다.

"칭찬 들으니까 기분이 좋네요."

경험을 쓰라고 하면 많은 청소년들이 "늘 똑같이 살기 때문에 쓸 게 없어요."하고 말한다. 그러나 고정관념을 조금만 버리면 내 주변에 글로 옮길 경험은 정말 많다. 어느 누구도 똑같이 살지 않으며, 어제와 똑같은 삶을 사는 경우도 없다. 경험은 다양하다. 사람이 사는 일은 정말 가지가지다. 생각에 자물쇠를 채우지 않고 주위를 바라보면 글감은 무수히 널려 있다. 자기 삶을 차분히 관찰하기만 하면 글감은 끊임없이 나타난다. 자기 삶을 진솔하게 관찰하는 힘은 삶을 지금보다 훨씬 풍성하게 한다.

"꿈을 경험으로 받아들일 정도로 관찰의 힘이 뛰어나다는 점은 인정! 그리고 감각을 경험으로 받아들이지 못한 점은 아쉬워."

"감각이라뇨?"

"네가 지닌 다섯 가지 감각."

"눈, 코, 입, 귀, 피부를 통해 느끼는 시각, 후각, 미각, 청각, 촉각 말이죠?"

"응, 그 다섯 가지 감각도 경험이야. 정확히 말하면 다섯 가지 감각을 통해 뇌에 전달되어 기억하는 내용이 경험이지."

"아! 그러네요. 감각이 없으면 경험도 없네요."

나는 한 편의 짧은 글을 글치에게 보여주었다.

"이효석 님이 쓴 메밀 꽃 필 무렵에서 발췌한 글이야."

이지러는 졌으나 보름을 갓 지난달은 부드러운 빛을 흐뭇이 흘리고 있다. 대화까지는 팔십 리의 밤길, 고개를 둘이나 넘고 개울을 하나 건너고 벌판과 산길을 걸어야 된다. 길은 지금 긴 산허리에 걸려 있다. 밤중을 지난 무렵인지 죽은 듯이 고요한 속에서 짐승 같은 달의 숨소리가 손에 잡힐 듯이 들리며, 콩 포기와 옥수수 잎새가 한층 달에 푸르게 젖었다. 산허리는 온통 메밀밭이어서 피기 시작한 꽃이 소금을 뿌린 듯이 흐뭇한 달빛에 숨이 막힐 지경이다. 붉은 대궁이 향기같이 애잔하고 나귀들의 걸음도 시원하다. 길이 좁은 까닭에 세 사람은 나귀를 타고 외줄로 늘어섰다. 방울소리가 시원스럽게 딸랑딸랑 메밀밭께로 흘러간다.

글치는 글을 반복하여 읽었다.

"진짜 멋진 글이네요. 예전에는 이런 글 읽으면 별 느낌이 없었는데 감각을 생각하며 읽으니까 정말 대단하단 생각이 드네요."

"국어 수업에서 이런 표현법을 뭐라고 하는지 배웠을 텐데……."

글치는 글을 잠시 보더니 분명하게 대답했다.

"묘사!"

"눈앞에 펼쳐진 광경을 미술가는 그림으로 표현하고, 사진가는 사진으로 표현하고, 영화감독은 영상으로 표현해. 글 쓰는 사람은 글로 표현하지. 표현 방법이 다를 뿐, 눈앞에 펼쳐진 광경을 표현하기는 마찬가지야."

"비슷하긴 하지만 그림, 사진, 영상, 글은 서로 완전히 다르지 않나요?"

"맞아. 달라. 그게 중요해. 글은 그림이나 사진, 영상과 무엇이 다를까?"

"아무래도…… 글이 더 힘들어 보여요."

"왜?"

"그림이나 사진, 영상은 눈으로 본 광경을 그대로 보여주면 되잖아요. 하지만 글은 자신이 본 광경을 글로 옮겨야 하고, 읽는 사람은 다시 상상해야 하니까 아무래도 정확하게 전달하기가 어렵죠. 선생님 표현을 빌리자면 글은 그림이나 사진, 영상에 견줘 싱크로율이 많이 떨어져요. 그게 단점이죠."

놀라운 답변이었다.

"적절한 지적이야. 그리고 단점만 있을까?"

"글쎄요, 상상하게 한다는 장점?"

"자세히 말하면?"

"싱크로율은 떨어지지만 글을 읽으며 나름대로 상상하니까 읽는 사람 마음마다 서로 다른 풍경이 자리하겠죠."

"멋진 답변. 그럼 또?"

"또 있나요? 이젠 없는데……."

"메밀꽃 필 무렵 글을 다시 읽어 봐. **읽으면서 상상을 해보고, 감각을 느껴 봐.** 내가 『국어독해력 만점공부법』에서 계속 강조했던 방법을 사용해서 읽어 봐. 무언가 다른 느낌이 들 거야."

글치는 '메밀꽃 필 무렵'을 여러 번 읽었다. 감각을 느끼며, 상상하며 읽으려고 노력했다.

"아! 알겠어요. 그림, 사진은 시각만, 영상은 시각과 청각만 전달해요. 하지만 글은 촉각이나 미각, 후각도 전달해요. 모든 감각을 다 생생하게 전달해요."

글치는 이렇게 말하고 '메밀꽃 필 무렵'을 다시 읽었다.

"표현 정말 멋지네요. 달이 빛을 흐뭇이 흘리고, 달의 숨소리가 손에 잡힐 듯이 들리며, 붉은 대궁의 향기같이 애잔하고, 방울소리가 시원스럽게 흘러간다……. 와! 그냥 읽을 때는 몰랐는데 이 글, 정말 환상적이에요."

감각이 숨 쉬는 글은 생생하다. 다섯 감각이 풍성하게 담긴 글은 읽는 사람의 상상력을 자극하고, 온몸을 깨어나게 한다. 감각이 생생할수록 싱크로율이 높아진다. 문장을 쓸 때 감각을 깨우자. 감각이 살아나면 문장도 살아난다.

하루 10분 글쓰기 6_ 감각에 초점을 맞춘 경험 쓰기

"철저하게 감각에 초점을 맞춘 글을 써 봐."

"그런 글을 써본 적이 없어서 될지 모르겠네요."

"일단 해봐. 그러면 요령이 생길 거야."

그림을 글로 옮긴다

다음 날 글치는 나를 보자마자 투덜거렸다.

"진짜 못 쓰겠어요. 너무 힘들어요."

"그래서 아예 안 썼니?"

"아뇨. 쓰긴 썼죠. 그런데 진짜 이상해요."

…… 자동차가 있다. 바퀴가 있고 그 옆에는 가로등이 서 있다. 불이 켜 있다. 화단이 있다. 그 옆에는 큰 돌이 있고, 돌 틈에는 약간 잡풀이 나 있다. ……

"하하하, 계속 '있다'만 썼네. 완전 '있다' 시리즈구나."

나는 한참 웃었다.

"휴, '있다'라는 단어를 안 쓰고는 쓰지를 못하겠어요. 솔직히 감각을 표현하기가 너무 힘들어요. 저처럼 글 못 쓰는 사람에겐 진짜 불가능한 일이에요."

"넌 살아가는 내내 감각을 사용해. 그렇게 늘 사용하는 감각을 글로 옮기지 못한다면 말이 안돼. 넌 단지 감각을 글로 옮기는 과정이 낯설 뿐이야. 감각을 표현하는 문장력을 기른 적이 없기 때문이지."

감각을 문장으로 옮기는 능력을 기르려면 그림이나 사진을 활용하는 것이 좋다. 그림이나 사진을 보고 그대로 글로 옮기는 연습을 한다. 그림이나 사진은 그냥 풍경을 보고 글로 옮길 때보다 훨씬 손쉽다. 왜냐하면 풍경을 볼 때는 무엇을 글로 옮겨야 할지 선택하기 어렵지만 그림이나 사진은 옮길 대상이 분명하기 때문이다.

하루 10분 글쓰기 7_ 그림이나 사진을 보고 글로 옮기기

"다음 그림을 보고 글로 옮겨 봐."

난 그림 하나를 글치에게 내밀었다.

『엄마는 공부도둑』 중에서(행복한나무. 19p)

글치는 그림을 살폈다. 곧바로 쓰려고 했지만 쓰지 못했다. 무언가 막힌 모양이다.

"음, 막상 글로 옮기려고 하니 어디부터 손대야 할지 모르겠어요."

글치는 펜을 내려 놓았다.

"그림을 못 본 사람에게 그림을 설명해준다 생각하고 글을 써."

글치는 펜을 다시 들었다. 하지만 여전히 글은 나오지 않았다.

"어디부터 해야 할지 모르겠어요. 너무 막연해요."

"전체를 옮기려고 하지 말고, 네가 보기에 인상 깊은 부분을 글로 옮겨. 어떤 부분을 글로 옮길지는 완전히 네 자유야."

글치는 그림을 가만히 들여다봤다. 정말 유심히 관찰했다. 이번엔 펜이 움직였다.

담장기 쳐져 있고, 초록색문이 하나 달려 있고, 문을 열면 빨간색 창고 비슷한 게 보이고. 그 옆에는 조금 낡았지만 적당한 크기의 집 한 채가 있고, 집 문을 등 뒤로 두고 큰 나무 한 그루가 있고, 그 앞에 장독대가 있고, 장독대 근처에는 지붕 위에 돌이 얹어진 집 한 채가 지어져 있다. 마당은 적당한 크기고, 장독대 위에 고양이가 올라가 있고, 초록색 문 앞에는 아들과 엄마로 보이는 두 사람이 들어온다. 하늘색이 칙칙한 파란색이고, 분위기가 조금 어둡다.

글치는 펜을 놓았다.

"더 이상 못하겠어요. 선생님이 시범을 보여주세요."

이번에는 내가 펜을 들었다. 내 눈에 가장 먼저 아이가 들어왔다. 그 뒤로 아이의 엄마가 보였다. 두 사람이 그림의 중심이었다. 낡은 집과 두 사람은 어딘지 모르게 어울리지 않았다. 아무래도 손님처럼 보였다. 하늘과 마당, 나무와 집 모두 쓸쓸한 느낌이 들었다. 낡은 집, 우울한 분위기, 그런 분위기에 전혀 어울리지 않은 엄마. 나는 내 눈에 들어온 대로 그림을 글로 옮겼다.

두 손을 앞에 모으고 약간 기죽은 듯 보이는 남자 아이가 초록 대문 안으로 들어온다. 뒤따라오는 엄마는 차가워 보인다. 낡은 초록색 대문 옆으로 엄마 키보다 높은 담벼락이 서 있다. 오른쪽 담벼락은 밤색 문이 달린 낡은 집으로 연결되고, 왼쪽 담벼락은 지붕에 사람 머리통보다 큰 돌 세 개가 놓인 창고 같은 건물로 연결된다. 오른쪽 담벼락 옆에 붙은 집은 벽에 금이 갔는데 지붕은 물이 새는 걸 막으려는지 낡은 양철조각으로 막아두었다. 마당 한 가운데 지붕보다 약간 높은 나무 한 그루가 서 있는데, 잎이 하나도 없어서 아이의 얼굴 표정처럼 쓸쓸해 보인다. 집 뒤로 보이는 나무 두 그루도 앙상한 가지만 남았다. 마당은 검은 빛인데 사람의 걸음이 많았던 곳만 흰 빛이 감돈다. 오른쪽 아래는 장독대가 자리했는데, 장독대 위에 고양이의 뒷모습이 보인다. 사람도 하늘빛도 마당도 나무도 모두 을씨년스럽다. 머리를 틀어 올리고 핸드백을 옆구리에 낀 엄마의 세련된 옷차림과 약간 열린 초록색 대문만이 낡고 우울한 분위기와 묘한 대조를 이룬다.

내가 쓴 글을 읽은 글치는 한숨을 길게 내쉬었다.

"수준 차이가 나네요."

"나도 그리 잘하는 건 아니야. 진짜 잘 쓰는 사람들을 보면 나도 기죽어. 중요한 건 잘 쓰는 게 아니라, 자기만의 시선으로 쓰는 거야. 넌 오늘 처음 했으니 부족한 게 당연해. 꾸준한 연습을 이기는 재능은 없다고 했으니까 꾸준히 해봐."

"그래도 무작정 연습할 수는 없잖아요? 뭐 좋은 연습 방법 없나요?"

같은 그림을 반복하여 글로 옮긴다

날마다 다른 그림을 보며 글로 옮기는 연습도 좋지만, 같은 그림을 일주일 정도 반복하여 글로 옮기는 연습도 좋다.

하루 10분 글쓰기 8_ 같은 그림을 반복하여 글로 옮기기

같은 그림을 글로 옮기다보면 새로운 눈으로 그림을 보는 연습이 된다. 같은 그림을 반복해 쓰다 보면 그 이전에는 보이지 않던 부분이 눈에 들어오기도 하고, 같은 부분을 글로 옮기더라도 좀 더 세련된 문장과 어휘가 나오기도 한다. 일주일 동안 쓴 글을 서로 비교해보면 글이 어떻게 나아지는지, 자신의 시선이 어떻게 달라지는지 스스로 깨닫게 된다.

좋은 그림이 실린 책을 활용한다

삽화가 멋진 책을 선택해서 글로 쓰는 연습을 한다. 책에 실린 삽화를 활용하면 바로 옆에 작가가 쓴 글과 견줘보기에 좋다. 작가가 쓴 글을 보지 말고 먼저 자신이 쓴 다음 작가가 쓴 글과 비교해본다. 수준 높은 작가가 쓴 글과 자신이 쓴 글을 비교하다 보면 자연스럽게 자기 글의 부족한 점이 드러난다. 같은 그림을 전혀 다르게 보는 능력도 길러진다.

하루 10분 글쓰기 9_ 책에 실린 삽화를 보고 글로 옮기기

작가가 쓴 글을 흉내 내서 써 보는 방법도 좋다. 작가가 쓴 글을 읽고 기억을 한 뒤에 자신도 비슷하게 흉내를 내서 쓴다. 모방은 창조의 어머니다. **좋은 작가의 글을 많이 흉내 내다 보면 어느새 자기 나름대로 글을 쓰는 요령을 터득하게 된다.**

일정한 흐름을 따라 쓴다

"그림이나 사진을 보고 문장력을 기르는 방법은 알겠어요. 그런데 현실에서 하려고 하면 조금 막막해요."

글치가 말했다.

"전혀 다르지 않아. 오히려 감각이 생생해져서 더 쉬워. 그림과 사진은 상상력을 많이 동원해야 하지만 현실에선 살아 있는 감각만 깨우면 되거든."

"현실이 그림보다 생생하긴 하지만 어디서부터 어떻게 해야 할지 모르겠어요."

"간단한 방법이 있지. 네모난 틀을 만들어."

"어떻게요?"

"딱딱한 종이 가운데에 네모 난 구멍을 뚫는 거야. 그걸 통해 세상을 봐. 네모 안에 들어간 세상이 바로 사진이고, 그림이야."

"아! 그러네요."

글치는 재빨리 종이 가운데를 가위로 잘랐다. 네모난 틈으로 이곳저곳을 보았다. 한참을 주변을 살피던 글치는 가위로 자른 종이를 내려놓더니 다시 물었다.

"솔직히 제일 답답한 건 그림을 보고 어디서부터, 어떤 방식으로 써야 할지 모르겠다는 거예요."

"시선을 옮겨가는 기준을 만들면 간단해."

"기준이라뇨?"

"예를 들면 오른쪽에서 왼쪽으로, 또는 왼쪽에서 오른쪽으로 쓰겠다고 기준을 정하는 거야."

"아! 그렇군요. 그럼 쉽겠군요. 대각선으로 써도 되고, 가운데에서 바깥으로 향하면서 써도 되고. 그러고 보니 선생님은 조금 전 그림을 글로 쓸 때 아이와 엄마를 중심에 두고 좌우로 펼쳤네요."

"맞아. 난 아이와 엄마가 눈에 가장 먼저 들어왔거든. 물론 내일 다시 쓴다면 전혀 다른 기준으로 글을 쓸지도 모르지만."

"그림을 보는 기준은 자기 나름이니까요. 가까운 곳에서 먼 곳으로, 먼 곳에서 가까운 곳으로, 전체에서 부분으로, 부분에서 전체로……."

"맞아. 바로 그거야. 그리고 분위기에서 보이는 풍경으로 써도 되고, 인물 묘사에서 풍경 묘사로 가도 되고, 색깔이 연한 장면에서 진한 장면으로 이동하면서 써도 되지. 어떤 기준을 세워서 표현하든 일정한 기준을 세우면 쓰기가 훨씬 쉬워."

"쉽기도 하고, 더 잘 쓰기도 하겠죠."

청각·후각·미각·촉각을 살린다

한참 신나게 말하는 글치 앞에 난 짧은 글 한 편을 내밀었다.

"이 글을 한번 볼래?"

새벽 식당 문을 여니 훈훈하고 따스한 기운이 반가웠다. 보글보글 끓는 찌개 소리도 정겨웠다. 솥뚜껑을 열 때마다 하연 김에 실려 오는 그윽한 추어탕 냄새가 주린 배를 자극했다. 살짝 얼었던 몸은 빨리 자신을 데워 달라고 보챘다. 새벽 추위에 시달린 몸이 만족하기에는 식당 공기의 따스함만으로는 부족한 모양이었다. 황급히 추어탕 한 그릇을 시켜서 수저를 떠서 입에 넣었는데 너무 급했나 보다. 얼큰한 맛을 기대했던 입은 뜨거운 기운에 화들짝 놀랐다.

"잘 썼네요."

"잘 썼다는 말 말고. 지금 우린 감각을 글로 옮기는 문장력을 기르는 방법을 주제로 얘기하고 있잖아. 무언가 느껴지지 않아?"

"글쎄요. 잠시만요."

글치는 내가 보여준 글을 정성스럽게 읽었다. 한참을 읽더니 말했다.

"아! 알겠어요. 전 계속 눈에 보이는 풍경, 그러니까 시각만을 사용한 글을 썼는데, 이 글은 시각뿐만 아니라 청각, 촉각, 미각, 후각을 다 사용했어요. 그러니까 오감을 전부 동원해서 글을 썼어요."

"오감을 다 활용하니 어때?"

"정달 생생하네요. 눈에 보이는 풍경뿐만 아니라 추위에 떨다 새벽에 식당을 찾은 사람의 감각이 저에게 전해지는 느낌이에요. 오감을 다 쓰니까 정말 저도 함께 새벽 식당에 있는 것 같아요."

"바로 그거야. 생생한 느낌, 생생한 경험! 그게 바로 싱크로율 99%인 글이지."

하루 10분 글쓰기 10_ 다섯 가지 감각 전체를 담아 쓰기

글을 쓸 때는 그냥 눈에 보이는 풍경만 쓰지 말고, 온몸의 감각을 다 사용한다. 감각이 풍부할수록 글은 더욱 생생하게 살아난다.

"자, 다시 '메밀꽃 필 무렵'을 볼까?"

반평생을 같이 지내온 짐승이었다. 같은 주막에서 잠자고, 같은 달빛에 젖으면서 장에서 장으로 걸어다니는 동안에 이십 년의 세월이 사람과 짐승을 함께 늙게 하였다. 가스러진 목 뒤 털은 주인의 머리털과도 같이 바스러지고, 개진개진 젖은 눈은 주인의 눈과 같이 눈곱을 흘렸다. 몽당비처럼 짧게 쓸린 꼬리는, 파리를 쫓으려고 기껏 휘저어보아야 벌써 다리까지는 닿지 앉았다. 닳아 없어진 굽을 몇 번이나 도려내고 새 철을 신겼는지 모른다. 굽은 벌써 더 자라나기는 틀렸고 닳아버린 철 사이로는 피가 빼짓이 흘렀다. 냄새만 맡고도 주인을 분간하였다. 호소하는 목소리로 야단스럽게 울며 반겨한다. 어린아이를 달래듯이 목덜미를 어루만져주니 나귀는 코를 벌름거리고 입을 투르르거렸다.

"와! 정말 제가 늙은 나귀 옆에 서 있는 느낌이에요."

글치는 글이 주는 생생한 느낌에 압도되는 듯했다.

"글이 지닌 힘이 정말 대단하네요."

좋은 문장을 읽으며 감탄하다 보면 글이 지닌 힘이 얼마나 대단한지 저절로 느낀다. 훌륭한 문장은 사람의 마음을 움직이고, 감정을 격렬하게 자극한다.

"생생한 문장, 내 마음을 울리는 문장! 이게 바로 싱크로율 99%의 문장력이란다. 정말 멋진 문장이야!"

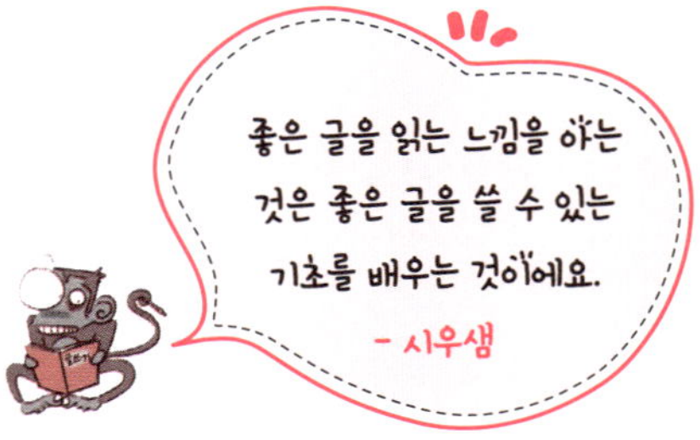

지식을 쓴다 03

경험 쓰기를 충분히 연습한 다음, 난 글치에게 자신이 아는 지식을 써오라고 과제를 내줬다.

하루 10분 글쓰기 11_ 내가 아는 지식을 쓰기

"어떤 지식을 써요? 얼마나 써야 돼요?"

내가 과제를 내자 글치가 물었다. 이런 과제를 내줄 때마다 늘 받는 질문이기도 하다.

"그런 종류의 질문엔 늘 같은 답변이야. 네 맘대로, 자유롭게!"

"항상 같은 답변인줄 알면서도 자꾸 질문하게 돼요."

글치는 시무룩해졌다.

"네 잘못이 아니야. 평소에 자유롭게 글을 쓰지 못하는 분위기에 너무나 길들여져서 그래. 족쇄를 풀어! 생각은 자유! 무엇을 쓰든지 자유! 표현의 자유는 헌법이 보장한 권리야. 표현의 자유를 보장하는 나라에 태어났으면 표현의 자유를 마음껏 누려!"

"표현의 자유~! 별로 생각해보지 않았는데 정말 소중한 권리란 생각이 드네요."

"표현의 자유는 진짜, 진짜 소중한 권리야. 참! 자유롭게 쓰더라도 참고서처럼 요약하지 말고 교과서처럼 써."

"그러니까 한 문장을 완전하게 쓰고, 문장과 문장이 이어지게 쓰라는 말이죠. 알았어요. 그렇게 할게요."

다음 날 글치가 지식을 담은 글 한 편을 써 왔다.

…… 신기루는 사막에서 자주 발견된다고 전해진다. 신기루는 눈앞에 없는 것이 빛의 굴절 때문에 나타나는 현상이라고 한다. 신기루는 그래서 사람들이 없는 걸 있는 것이라고 착각하게 하는 것이다. 착각하다 보면 사람들이 잘못 알고 걸어가다가 죽기도 한다고 한다. 빛이 굴절을 일으키는 이유는 뜨거운 공기와 차가운 공기가 만나는 곳에서 빛이 굴절하기 때문에 굴절한 빛으로 인해 착각을 일으키는 것이라고 한다. 신기루라는 말은 없는 것을 있는 것으로 알고 무언가를 잘못 알고 무작정 쫓아가는 사람들을 가리킬 때 쓰는 말이라고 한다. ……

"어때요?"

"애쓴 흔적이 역력하네. 하지만 문장이 너무 꼬였어. 이 말 했다가 저 말 했다가 해서 네가 전하려는 지식이 분명하게 와 닿지 않아."

좋아하고 잘 아는 지식을 쓴다

"솔직히…… 저도 써 놓고 별로라는 생각은 했어요. 일단 주제를 무엇으로 해야 할지 고민스러웠고, 무엇보다 제가 아는 지식을 누군가에게 설명하기 위해 글을 쓴 적이 없어서 어떻게 써야 할지 모르겠더라고요."

"이해해."

난 글치 등을 토닥거렸다. 너무 냉정하게 평가한 듯해서 미안하기도 했다. 고민 끝에 써온 글에서 장점을 발견하기보다 너무 단점만 들춰냈기 때문이다. 단점만 자꾸 들춰내면 글을 쓰고 싶은 마음이 사라진다는 걸 알면서도 지적하는 습관이 종종 튀어나온다.

"우리가 처음에 문장력을 기르기 위한 연습을 경험에서 시작한 이유가 뭐였지?"

글치는 곧바로 대답했다.

"경험이 가장 쓰기 쉽고, 저 자신에게 가깝기 때문이죠. 굳이 고민하지 않아도 쉽게 쓰기 때문에 경험에서 시작했어요."

"정확해. 그리고 경험 다음에 지식을 쓰는 이유는?"

"지식도 내 머릿속에 담겼기 때문에 꺼내기 쉽고, 글로 옮기기 쉬워요."

"둘 다……."

"쉬운 데서 시작하기! 그게 공통점이네요. 그런데 '쉬운 데서 시작하기'가

지금 제가 쓴 글이랑 무슨 상관이죠?"

난 글치가 신기루를 주제로 쓴 글을 가리켰다.

"네가 선택한 주제가 쉽니?"

"으~음."

글치는 잠깐 동안 인상을 찡그렸다.

"아~아뇨. 어려웠어요. 나름대로 괜찮은 주제를 찾으려고 고민하다가 선택했는데, 막상 쓰려고 하니 쉽지 않았어요."

"신기루보다 더 쉬운 주제를 선택했더라면 어땠을까?"

"더 쉽게 썼겠죠. 그럼 어떤 주제를 써요?"

난 씩 웃었다.

"표현의 자유!"

"표현의 자유라~! 제가 쓰기 쉽다고 느끼는 주제를 선택해서 쓰라는 거죠. 뭐가 있을까? 잘 모르겠어요. 표현의 자유를 누리고 싶지만 솔직히 제 머릿속에 족쇄가 채워진 느낌이 들어요. 시우샘의 도움이 필요해요."

아주 어렵고 체계를 갖춘 학문만을 지식이라고 하지 않는다. 자신이 아는 아주 사소한 원리나 사건도 지식이다. 우리 집 아이는 한때 카드 모으기에 한참 빠졌다. 별의별 카드를 다 모았는데 상당히 큰 세 개의 상자에 가득 찰 정도였다. 놀라운 건 그 카드 하나하나를 거의 다 기억한다는 점이다. 카드를 보지 않고 수십, 수백 장이나 되는 카드의 기능을 줄줄이 설명했다. 내가 보기엔 그게 그거 같았지만 아이는 사소한 차이도 분명하게 구분했다. 카드에 관한 지식은 아이가 나보다 몇 백 배 뛰어났다.

지식을 쓸 때는 내가 가장 잘 알고, 좋아하는 분야에서 시작하면 된다.

공룡을 잘 알면 공룡을 설명하고, 게임을 잘 알면 게임을, 축구를 좋아하면 축구를, 연예인을 좋아하면 연예인을 설명하는 글을 쓴다. **쉬운 데서 어려운 데로, 문장력을 기르는 가장 기본 원칙이다.** 물론 글쓰기뿐만 아니라 다른 분야에서도 통하는 원칙이다. 쉬운 분야에서 점차 어려운 분야로 나아가면 아무리 어려운 학문도 정복할 수 있다.

하루 10분 글쓰기 12_ 가장 좋아하고 잘 아는 분야에 대한 지식을 쓰기

"쉬운 데서 어려운 데로……. 맞는 말이에요. 카드나 게임, 연예인이나 축구에 관해서 써도 된다는 말이죠. 음, 그렇게 생각하니까 머릿속의 족쇄가 확 풀리는 느낌이에요. 주제는 무제한이네요. 제가 잘 알고, 좋아하고, 관심 가는 지식이라면…… 확실히 '신기루'보다는 잘 쓸 자신 있어요."

"이번엔 어떤 지식을 써 볼래?"

"으~음! 제가 좋아하는 보드 게임을 설명하는 글을 써 보고 싶어요."

"좋아!"

이 보드 게임은 일대일 대결이다. 사냥꾼과 나무꾼이 한 팀이고, 여우와 곰이 다른 한 팀이다. 오리, 꿩, 나무는 사냥 대상이다. 사냥꾼은 일곱 명, 나무꾼든 두 명이며, 여우는 여섯 마리, 곰은 두 마리다. 사냥꾼은 총을 들고 있는데 총구 앞에 여우나 곰, 오리, 꿩이 있으면 움직여서 잡을 수 있다. 총구를 겨누는 방향을 바꾸면 안 된다. 여우는 어느 방향으로나 움직이며 꿩과 오리를 사냥한다. 나무꾼은 나무만 베고, 곰은 사냥꾼과 나무꾼을 잡는다. 나무꾼과 곰은 한 칸씩만 움직인다. ……

"이 보드 게임 이름이 뭐지?"

"텔리호라고 해요."

"재미있겠다. 네가 설명하는 글을 보니까 대충 규칙을 이해하겠어. 설명 잘하네."

"그러게요. 신기루에 관해 쓸 때는 정말 어려웠는데, 제가 잘 아는 게임에 관해 쓰니까 너무 쉬워요. 물론 문장을 어떻게 쓸지는 아직도 고민스럽기는 하지만……."

"흔히 문장력을 기르려면 문장을 잘 쓰는 기술이나 기교를 익혀야 한다고 생각해. 사실은 기술도 기교도 아니야. 자신이 좋아하고, 자신과 가까운 주제로 자꾸 글을 쓰는 것만으로도 문장력은 늘어나. 사람은 좋아하는 걸 해야 잘해. 잘 모르는 주제로 글을 쓰려고 하면 자꾸 꾸미려 하고, 어떻게 써야 할지 고민스럽기만 하지. 아는 만큼 글로 쓰는 거야. 글은 글 쓰는 사람의 지적 수준을 정확하게 보여줘."

인터넷은 지식의 바다다. 엄청난 지식이 널린 인터넷은 궁금증을 푸는 데에 많은 도움을 준다. 청소년들은 학교에서 어려운 숙제가 나오면 인터넷에 도움을 많이 요청한다. 검색을 해도 없는 경우, 질문을 적어 놓으면 여러 누리꾼들이 답변을 달아주어 큰 도움을 받는다. 인터넷에는 무수한 질문이 올라온다. 수많은 궁금증이 돌아다닌다. 지식을 찾는 질문이요, 궁금증이다. 누군가의 질문에 답하다 보면 지식을 글로 옮기는 능력이 저절로 나아진다.

하루 10분 글쓰기 13_ 인터넷 지식 질문에 답변 쓰기

이젠 지식을 얻으려고만 하지 말고 인터넷에 올라온 질문에 답글을 달아서 내 지식을 나누어주자. 물론 자신이 가장 잘 아는 분야를 골라서 답해야 한다. 잘 모르는 내용이라면 공부를 해서 답글을 달아주어도 좋다. 궁금한 사람에게 지식을 알려주려는 노력 속에 내 지식도 깊어지고, 문장력도 커 나간다.

공부한 내용을 글로 정리한다

학생들은 공부를 통해 지식을 습득하면서 산다. 지식은 학생들에게 익숙한 친구다. 익숙한 지식을 글로 표현해야 한다. 그리고 지식을 더 잘 얻기 위해서라도 지식을 자기 문장으로 정리하는 과정이 필요하다.

"제가 공부한 내용을 문장으로 쓰라고요? 공부한 걸 암기해서 써야 한다니, 너무 어려워요. 그걸 어떻게 다 외워요."

글치는 기겁을 했다.

"외우라는 소리가 아니야. 스스로 이해한 뒤에 글로 옮겨 보라는 거지."

"그거 그거죠."

"다 외워서 쓰는 건 불가능해."

"맞아요. 불가능해요."

글치는 맞장구를 쳤다.

"외워서 그대로 쓰려고 하지 말고, 자신이 공부를 한 내용을 스스로 정리해서 써."

외워서 쓰지 말고 자신이 이해한 부분을 자기 언어로 쓴다. 자신이 아는 지식을 글로 분명하게 쓸 줄 알면 지식은 온전히 자기 소유가 된다. 반면에 자기 언어로 쓰지 못하면 진짜 자기 지식이 아니다.

오늘 새로운 지식을 배웠다면 자기 힘으로 정리한다. 글로 쓰려면 전체 내용을 알아야 하며, 자기 머리로 정리하는 과정을 거쳐야 한다. 지식이 글로 나오면 자연스럽게 정리된다. 그 과정에서 자연스럽게 문장력이 늘어난다. 또한 지식도 늘고, 서술형 시험 능력도 늘고, 논술 실력도 는다.

"오늘 배운 내용을 한 번 써 볼게요. 잘할 자신은 없지만."

"그래, 해봐. 공부를 한다는 학생이 자신이 공부하는 내용을 쓰지 않다니 정말 말이 안 돼. 쓰는 수준이 자기 지식 수준이야."

하루 10분 글쓰기 14_ 학습을 통해 안 지식을 글로 쓰기

자신이 배운 지식을 가만히 떠올리던 글치는 느릿느릿 배운 내용을 글로 썼다.

…… 캐나다 사람의 80%는 미국 국경 근처에 살고, 미국 사람들은 대다수가 해안가에서 산다. 하와이는 화산 폭발로 생긴 섬인데 관광지로 진짜 유

명하고 관광객도 아주 많이 방문하고, 진주만 습격을 받아 제2차 세계대전 때 태평양 전쟁이 일어난 곳이기도 하다. 그린란드는 세계에서 가장 큰 섬인데, 그린란드보다 큰 오스트레일리아 섬은 대륙이고 그린란드보다 작은 섬이며 그린란드란 이름 때문에 초록색 땅이라고 생각하기도 하지만 초록색이 아니라 은회색 대륙이 펼쳐진 땅이다. 많은 이민자들이 어우러져 사는 나라라 미국을 인종의 도가니라 부른다. 캐나다 퀘벡 주는 캐나다에 있는 다른 지역이 영국의 전통에 가깝지만 퀘벡 주는 프랑스 전통이 매우 강해서 독립하려는 움직임이 있기도 하다. ……

"지리를 배웠구나. 제법 잘 정리했네."

"휴, 진짜 머리가 아프네요. 제가 아는 걸 글로 옮기는 게 이렇게 힘들 줄 몰랐어요. 그리고 글로 옮기고 나니까 배운 내용이 분명해지네요."

"거듭 말하지만 쓰지 못하면 안다고 할 수 없어. 공부 잘하는 요령은 간단해. 자기 머리로 배운 지식을 정리하려고 노력하다 보면 공부 실력은 자연스럽게 늘어. 그 간단한 요령을 대부분 잘 모르고 있지. 스스로 정리하려는 노력은 하지 않고 누군가 떠먹여주기만 바라고, 단지 문제집만 열심히 풀면 실력이 늘 거라고 생각해."

"맞아요. 저도 그랬어요. 좋은 학원에 가서 유명한 학원 강사가 정리해주면 달달 외우고, 반복해서 문제 푸는 걸로 높은 성적을 받으려고 했죠. 제 힘으로 이해하고 정리하려는 노력은 거의 하지 않았어요. 글로 지식을 쓰려고 하니까 알겠네요. 글로 쓰는 건 진짜 제대로 알 때만 가능하다는 걸."

자기 힘으로 생각해서 지식을 글로 정리하는 연습을 반복하면 공부 실력은 저절로 나아진다. 문장으로 정리하려는 과정에서 지식을 제대로 이해한다. 지식 쓰기는 내가 아는 걸 분명하게 만드는 과정이다. 분명한 문장으로 표현한 지식만이 온전히 자기 지식이다.

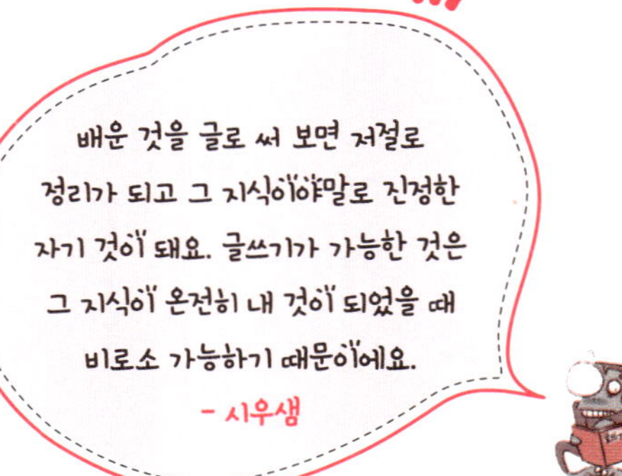

배운 것을 글로 써 보면 저절로
정리가 되고 그 지식이야말로 진정한
자기 것이 돼요. 글쓰기가 가능한 것은
그 지식이 온전히 내 것이 되었을 때
비로소 가능하기 때문이에요.

– 시우샘

생각을 쓴다 04

경험 쓰기와 지식 쓰기를 충분히 연습한 뒤 글치와 좀 더 어려운 과정을 밟기로 했다. 생각과 감정은 경험과 지식보다 쓰기가 어렵다. 경험과 지식은 분명하지만 생각과 감정은 분명하지 않고, 경험과 지식은 자기 외부에 존재하지만 생각과 감정은 한 개인의 내부에만 존재하기 때문이다.

"안타깝게도 오늘날 우리나라 교육은 청소년의 내면을 살찌게 하는 교육을 하지 않아."

"그거 무슨 말이죠? 잘 이해를 못하겠어요."

"학교와 학원을 봐. 지식은 정말 엄청나게 많이 가르치지?"

"네, 진짜 많아요. 공부할 양이 너무 많아서 쉴 틈이 없어요."

"그 반면에 스스로 생각하고, 자기 적성을 고민하고, 감정을 성숙하게 만들고, 사람과 관계를 맺는 능력을 기르는 교육은 거의 하지 않아."

글치는 말 대신 몸으로 동의를 표시했다.

"내면을 풍성하게 하는 교육이 뒷받침되어야만 지식 교육도 효과를 발휘하는 법인데, 내면 교육은 거의 무시해 버리니 청소년들이 건강하게 자라지 못하지."

"솔직히 어른들이 많이 원망스러워요."

"그래. 나도 한 명의 어른으로서 너에게 진짜 미안하다."

잠시 침묵이 흘렀다. 난 청소년들에겐 미안함을, 나 자신에겐 무력감을 느꼈다. 한 개인이 어찌 해볼 방법이 없는 상황이 답답했다. 글치도 한참을 자기 생각에 빠져 심각한 분위기였다. 내가 먼저 침묵을 깼다.

"내면을 살찌게 하는 교육을 하지 않기 때문에 생각과 감정을 글로 표현하기가 어려워."

글치는 숙였던 머리를 살짝 들면서 고개를 끄덕였다.

"그나마 생각은 가끔씩 물어보기라도 하지만, 학교에서 감정을 교육하고 표현하는 경우는 거의 없다시피 하니까 감정을 글로 쓰기는 더 어렵지."

"그러네요. 생각과 감정이 정말 중요한데 왜 가르치지 않는지 모르겠어요. 지식이야 인터넷으로 검색만 해도 바로 알지만 생각과 감정은 표현하는 교육을 많이 받아야 잘하잖아요. 그걸 제대로 안 가르치다니 정말 어른들이 이해가 안 가요."

우리나라 사람들은 대부분 감정 표현에 약하다. 일부는 감정 표현을 잘하기도 하지만 대다수는 감정 표현을 어색하게 여긴다. 교육 때문이다. 교육과정이 거의 전적으로 지식에 치우친 탓이다. 대다수의 청소년들이 지적인 면이 강하기 때문에 생각 쓰기를 감정 쓰기보다 편하게 여긴다.

마음껏 상상하여 쓴다

"이제, 생각 쓰기를 해보자."

"뭘 해야 하죠? 주장 글을 써야 하나요?"

"하하하!"

난 갑자기 웃음이 터져서 한참 웃었다.

"아니, 왜 웃으세요?"

글치는 의아해 하며 나를 바라봤다.

"그럴 줄 알았거든. 하하하. 생각을 쓰라고 하면 꼭 주장을 써야 한다고 생각하는 고정관념이 강해. 예상을 했는데 네가 딱 그 이야기를 하니까 갑자기 웃겼어."

"주장 글을 쓰는 게 아닌가요?"

"말했지만 무슨 생각을 쓰던 자유야. 그리고 주장만 생각인 건 아니야."

"주장이 아닌 생각이라면……."

"없을까?"

글치는 잠시 머리를 갸우뚱했다. 그러다 박수를 치며 소리를 질렀다.

"상상이요!"

"상상! 재미있고 멋진 생각이지. 또 없을까?"

"소망이요! 내가 원하는 소망. 뭔가 사고 싶고, 이루고 싶고, 해주기를 원하고, 기타 등등 그런 것들도 내 생각이에요. 아, 그리고 누군가에게 그냥 하고 싶은 말도 생각이죠."

"상상, 소망, 하고 싶은 말, 주장~! 이 밖에도 생각의 종류는 다양해. 우선 가장 쓰기 쉽고, 편하고, 재미있는 상상 쓰기를 해보자."

글치는 펜을 들었다. 그런데 글은 쓰지 않고 빤히 나만 쳐다봤다. 내 눈치를 보다가 어렵게 물었다.

"뭘 쓰죠?"

"에고. 그 질문 참 지겹구나. 하긴 상상력이 약해진 게 네 탓은 아니니까……. 내가 지금부터 말해 준 글감 중에서 하나를 참고해서 써 봐. 물론 전혀 다른 상상도 가능해."

하루 10분 글쓰기 15_ 마음껏 상상하여 쓰기

01. 우리 부모가 내 자식이 된다면~

02. 내 옆구리에서 날개가 치솟는다면~

03. 내게 남의 속마음을 읽을 줄 아는 능력이 생긴다면~

04. 내가 원하는 대로 내 생김새나 외모를 바꿀 능력이 생긴다면~

05. 내가 남자라면 여자, 여자라면 남자로 바뀌게 된다면~

06. 낯선 사람이 DNA 분석 결과를 제시하며 나를 자기 자식이라고 한다면~

07. 내가 지구를 방문한 외계인을 처음 만나는 대표가 된다면~

08. 인간이 전부 광합성을 하게 된다면~

09. 악마가 나타나 내게 조건 없이 소원을 다 들어주겠다고 한다면~

10. 꿈과 현실이 뒤바뀐다면~

11. 내가 새로운 세상을 창조한다면~

12. 내가 조선시대 노예로 태어난다면~

13. 전기와 석유가 완전히 사라진다면~

14. 아이가 부모를 선택해서 태어난다면~

15. 돈이 사라진다면~

16. 나를 아는 사람이 단 한 명도 없는 세상에 살게 된다면~

17. 인간이 모두 물고기가 된다면~

18. 신이 내 앞에 나타난다면~

19. 세상 모든 동물들이 사람의 말을 한다면~

20. 내 형제가 15명이라면~

……

"이 정도면 충분하니?"

나는 떠오르는 대로 상상 쓰기 글감을 적다가 글치에게 물었다.

"충분해요. 그런데 샘은 이런 상상이 막 떠오르세요?"

"응! 지금 당장 몇백 개라도 가능해."

"몇백 개라니 말도 안 돼."

글치는 어이없어 하며 혀를 내둘렀다.

"뭐가 말이 안 돼. 어차피 상상인데 못할 게 뭐가 있어. 내 생각은 자유로워."

"어린 제가 더 상상력이 부족하다니, 진짜 뭔가 이상해요. 아무튼 좋아요. 이 중에서 하나를 골라 써 볼게요. 뭐가 좋을까……."

잠시 글감을 살피던 글치는 그 중 하나를 골라 상상 쓰기를 시작했다.

내 옆구리에 날개가 치솟는다면 나는 일단 가보고 싶은 곳을 전부 가 볼 것이다. 날아서 다니니까 놀이공원 같은 곳도 돈을 전혀 안 내고 들어갈 수 있을 것이다. 높은 하늘도 올라가 볼 것이고, 바다도 건너 볼 것이고, 멀리 있는 하와이도 가볼 것이고, 적도도 가볼 것이고, 외국 여행도 실컷 다닐 것이다. 그러다 철새떼를 따라서 다녀보기도 하고 독수리와 경주도 해보고 바닷가에서 노는 사람들을 놀라게 해주는 것도 재미있을 것 같다. ……

글치가 쓴 글을 읽고 난 씁쓸하게 입맛을 다셨다. 어떻게 이렇게 재미없게 쓰는지 정말 안타까웠다. 내 표정이 실망스러워 보이자 글치는 내 눈치를 살폈다.

"너무…… 못……썼죠? 제가 원래 문장력이……부족해서……."

난 고개를 저었다.

"넌 문장력이 아주 부족해. 부족한 문장력은 나중에 기르는 과정을 밟을 거야. 그리고 난 너의 문장력 때문에 실망스러운 게 아니야. 잘 쓰고 못 쓰고를 떠나 이렇게 재미있는 글감을 너무나 재미없게 써서 실망했어."

글치는 입을 앙다문 채 자기가 쓴 글을 노려봤다.

"상상하여 쓰기야. 그러니 글감도 마음껏 상상하여 고르고, 글 쓰는 내용이나 형식도 네가 쓰고 싶은 대로 마음껏 쓰면 돼. 온통 '~것이다'로 채운 문장을 보니 마음이 답답해진다."

"그럼 어떻게, …… 아니 그렇게 물어보면 안 된다고 했죠."

글치는 더욱 시무룩해졌다.

"모르면 물어야지. 제대로 물어 봐."

난 글치를 똑바로 쳐다봤다. 글치도 나를 쳐다보더니 말했다.

"시으샘, 상상하기는 어떻게 써야죠?"

"일기처럼 쓰면 어떨까?"

"아!"

"소설처럼 쓰는 건 어때?"

"오!"

"신문 기사처럼 써도 좋지."

"그렇군요. 참! 친구에게 말하듯이 써도 되겠네요."

"맞아. 쓸 줄 안다면 희곡이나 시나리오처럼 써도 되고, 시를 써도 돼."

"와! 진짜 다양하네요. 같은 글감으로 다시 한 번 써 볼게요."

글치는 환하게 웃으며 필기구를 집어 들었다.

아침에 일어났더니 내 옆구리에 날개가 치솟았다. 나는 일단 가보고 싶은 곳을 전부 가보겠다고 결심했다. 일단 하늘로 날아올랐다. 먼저 놀이공원 위를 날아다닌 뒤에 태평양을 건너 하와이로 간 뒤에 미국 대륙을 날아서 지나갔다. 경치가 멋졌다. 대서양 위에서 철새 떼를 만나서 날아다니다 영국에 도착했다. 바닷가에서 몇몇 사람이 놀고 있었는데 갑자기 날아 내려가니 사람들이 놀라서 자빠졌고 난 즐거워서 웃었다. ……

"훨씬 재미있네."

"제가 봐도 그래요."

상상은 자유다. 상상하여 쓰기는 더욱 자유다. **자유롭게 상상하여 쓰면 정말 재미있다. 재미는 문장력을 기르는 가장 좋은 방법이다.**

하고 싶은 얘기를 글로 쓴다

"하고 싶은 얘기라, 하고 싶은 얘기는 많은데 막상 쓰려니까 조금 막연하네요."

"하고 싶은 얘기 쓰기, 이거야말로 경험 쓰기와 더불어 가장 많은 쓸 거리가 있지."

"제가 생각하기에도 그렇긴 한데, 막상 쓰려니까 어떻게 해야 할지 모르겠어요."

"늘 그렇지."

나는 피식 웃었다.

"글쓰기라면 초등학교 때 일기랑 독후감 쓰다 질려 버린 뒤에 다시는 가까이 하고 싶지 않았거든요. 솔직히 초등학교를 졸업한 뒤에는 글쓰기를 안 할 줄 알았어요. 그런데 이런저런 글쓰기를 여전히 하고, 그게 성적에 영향을 미치고, 대학 입시에서도 중요하고. 대학 들어가서도 중요하다면서요? 그러니 제대로 할 줄도 모르고, 글쓰기가 싫지만 해야지 어쩌겠어요."

글치의 답답함이 가슴에 와 닿았다.

"동의해. 그리고 나랑 문장력 기르기를 하는 과정도 초등학교 때 일기나 독후감처럼 쓰기 힘드니?"

"아뇨. 이렇게 했다면 절대 힘들지 않았을 거예요. 이런 글쓰기는 진짜 재밌어요."

글치는 살짝 웃었다.

"다시 '하고 싶은 말 쓰기'로 돌아오자. 하고 싶은 말을 쓰려고 하는데 막연하다고 했지. 왜 막연해?"

"으~음. 그러니까 뭘 써야 할지, 누구에게 써야 할지……, 아! 그렇군요."

글치는 얼굴도 환해지고 목소리도 밝아졌다.

"누구에게 쓸지를 정하고, 그 사람에게 하고 싶은 말을 쓰면 되는군요."

짝! 짝! 짝!

난 박수를 쳤다. 발전이었다. 항상 나만 쳐다보며 '어떻게 써요?'를 묻던 글치가 자기 힘으로 글의 방향을 찾아내니 정말 반갑고 기뻤다.

"스스로 길을 발견하다니 진짜 멋지다. 바로 그거야! 생각하면 길이 보여. 나에게 어떻게 해야 하는지 자꾸 묻지 말고 스스로 차근차근 생각해."

"맞아요. 하면 되는 건데 자꾸 막막하다고 피하기만 했어요. 머리가 환해지는 느낌이에요. 전 동생에게 하고 싶은 말이 많아요. 전부 다 쓰긴 그렇고, 딱 하나만 쓸게요."

하루 10분 글쓰기 16_ 한 사람을 정해서 그 사람에게 하고 싶은 얘기 쓰기

마음속에 하고 싶은 얘기를 품고 살지 않은 사람은 없다. 누군가에게 내 마음속 얘기를 정말 전하고 싶은데, 전하지 못하면 마음에 병이 생기고, 마음의 병은 몸의 병이 되기도 한다. '임금님 귀는 당나귀' 이야기처럼 어떻게든 자기 속을 드러내야 죽지 않고 산다. 사람은 표현하고 살아야 한다.

동생! 너~!

자꾸 내 물건에 함부로 손대지 마! 한두 번도 아니고 도대체 몇 번째야? 내가 전에는 그냥 봐주고 넘어갔지만 이제 한 번 만 더 그러면 가만두지 않을 거니까 한 번만 더 그랬다간 알아서 해. 너 전에 내가 아끼던 펜 나한테 말도 안 하고 들고 갔다가 망가뜨려 놨지. 그때는 내가 화를 꾹 참고 그냥 뭐라고 하기만 하고 넘어갔는데 이번에 또 내 펜을 말도 안 하고 가져가다니 넌 도대체 왜 그러는 건데? 앞으로 가만 안 둘 거니까 절대 내 물건에 손대지 마. 우리가 아무리 한 부모 밑에서 태어나고 같은 가족이라고 해도 너 말이야, 내 꺼랑 남의 꺼는 있는 거야. 그걸 구분하지 않고 살면 안 되지. 내가 만약 네 물건을 말없이 계속 가져다 쓰고, 고장 내고 잃어버리면 넌 좋겠냐? 자기 생각만 하지 말고 남 생각 좀 해. 사람이 처지를 바꿔 생각할 줄 알아야지 자기 좋다는 일만 하면 되겠니? 아무튼 이젠 가만 안 둘 테니까 내 물건에 손대지 마. 마지막 경고야!

"하하하! 동생한테 단단히 뿔이 났구나."

"걘 진짜 개념이 없어요. 완전 무개념!"

"그냥 말로 할 때와 글로 쓸 때 다른 점이 느껴지니?"

"네. 하고 싶던 생각이 조금 막연했고, 또 생각만 할 때는 그냥 화만 났는데 쓰다 보니 생각이 정리가 돼요. 분명해진 느낌이랄까? 뭔가 설득력도 있고. 특히 처지를 바꿔 생각해보라는 말이 핵심이란 걸 알겠어요. 그게 제 불만의 핵심이죠."

자기가 하고 싶은 말을 글로 쓰면 무엇을 말하고자 하는지가 분명하게 드러난다. 그냥 막연하게 생각하거나, 말로 하려고 할 때와는 다르다. 이것이 바로 글이 지닌 힘이다.

"이 글 쓰고 다르게 느낀 점은 없어?"

"으~음. 쉽다는 느낌?"

"자세히 말하면?"

"동생에게 하고 싶은 말이 많았거든요. 막 화를 낼 때는 하고 싶은 말을 다 쏟아내지도 못했고요. 이 글을 쓸 때는 차분히 생각하며 다 쏟아냈어요. 쏟아내고 나니까 시원해요. 글을 쓰면서 이렇게 통쾌한 기분이 든 건 처음이에요. 이런 글쓰기라면 진짜 재미있을 것 같아요."

"~것 같아? 아니면 재미있어?"

"아! '재미있는 것 같아'가 아니라 재미있을 거예요."

글은 표현의 수단이다. 글쓰기는 자기 삶의 요구에서 출발한다. 누군가가 시켜서 하는 글쓰기는 즐겁지도 않고, 잘하기도 어렵다. 하고 싶어서 쓰면 자기 속의 생각이 고스란히 드러난다. 솔직함과 자발적 노력이 문장을 살찌게 한다.

철학 질문에 답하는 글을 쓴다

"이제는 어떤 글을 써요?"

글치는 글쓰기에 재미를 붙였다. 하고 싶은 말을 마음껏 글로 뿜어내니 속이 시원한 모양이다. 어서 문장력을 길러서 멋진 글을 쓰고 싶은 마음이 가득했다. 난 말 없이 글치에게 20개의 질문이 적힌 쪽지를 내밀었다.

하루 10분 글쓰기 17_ 차원 높은 질문에 답하는 글을 쓰기

01. 선생님이 학생들을 모두 공평하게 대하는 건 가능할까?

02. 나쁜 것을 좋아해도 될까?

03. 선물을 줄 때와 받을 때 중에서 어떤 때가 더 행복할까?

04. 지구에 사는 생명체 중에서 인간이 가장 뛰어난 생명체인가?

05. 근거가 불충분한 주장이나 100% 확실하지 않은 사실을 믿어도 될까?

06. 사람이 너무 여유로우면 문제가 생길까?

07. 학교에서 배우는 지식은 전부 맞는 걸까?

08. 부지런함은 칭찬받고, 게으름은 비난받아야 할까?

09. 사람은 성공해야 할까?

10. '사람의 욕망은 끝이 없다'는 말은 옳은가?

11. '사람은 이기적이다'라는 말은 옳은가?

12. 과거의 행복이 현재의 고통을 이겨내는 데 도움이 될까?

13. 욕은 나쁜 짓인가?

14. 온전하게 사람을 이해하는 것이 가능할까?

15. 사회에서 의사가 더 대접받아야 하는가? 농부가 더 대접받아야 하는가?

16. 부유함은 축복이고, 가난은 괴로움인가?

17. 나와 타인 중에서 누가 더 정확하게 진짜 나를 볼까?

18. 부드러움이 강함을 이긴다는 동양 철학의 주장은 옳은가?

19. 좋아하는 일과 잘하는 일 중에서 직업을 선택해야 한다면?

20. 사람은 왜 익숙한 것은 좋아하고, 낯선 것은 잘 안 받아들이거나 싫어할까?

……

쪽지를 가만히 읽던 글치는 멍하니 나를 봤다. '뭐 이런 말도 안 되게 어려운 질문을 저에게 던지세요?', '제가 이걸 답할 능력이 있다고 생각하세요?' 라는 말을 하고 싶은 표정이다.

"네가 무슨 마음인지 알아."

"이건 불가능해요. 전 못 써요."

"왜?"

"너무 어려워요."

"난 정답을 원하지 않아. 그리고 이 질문엔 정답이 없어. 단지 네 생각만 있을 뿐이지."

"정답이 없다! 그건 반가워요. 그래도 어려운 건 어려운 거예요."

"완전한 답을 찾으려고 하니까 그렇지."

"무슨 뜻이죠?"

글치가 의아한 듯 물었다.

"청소년인 네가 이 질문에 완전한 답을 찾을 거란 기대는 애초부터 없었어."

"그럼 왜 이런 주제로 제 생각을 써야 하죠?"

"생각을 위해서지."

"생각을 위해서요?"

글치가 반문했다.

"정답이 없는 질문을 붙들고 깊이 생각하는 과정이 소중하기 때문이야."

"음, 이런 질문은 일반 학교에서는 아예 하지 않아요. 항상 정답이 있는 질문만 하죠. 배우는 학생은 그 답을 찾아야 하고요. 못 찾으면 틀린 거죠."

"이 질문을 봐! 정답이 없어. 오직 자기 생각만 있을 뿐이지. 난 청소년들이 이런 주제로 글을 써야 한다고 생각해. 이런 주제들이야말로 청소년의 내면을 살찌게 하고, 정신을 성숙하게 만들어."

글치는 고개를 끄덕였다.

"동의해요. 그렇지만 어려워요."

"안 해봐서 그럴 뿐이야. 다시 말하지만 완벽한 답을 요구하지 않아. 나도 완전한 답을 못해. 자기 수준에서 해. 그걸로 충분해."

"네. 힘들겠지만 해볼게요."

01. 선생님이 학생들을 모두 공평하게 대하는 건 가능할까?

난 불가능한 것 같다. 왜냐하면 선생님들은 결코 우리들을 동등하게 대해 줄 생각이 없다. 선생님들은 공부 잘하고, 선생님 말씀 잘 듣는 학생들만 좋아하기 때문이다. 그리고 선생님들은 대 놓고 공부 잘하고 말 잘 듣는 학생들만 좋아한다고 선포하기도 하기 때문이다. 난 그런 게 너무 싫다. 예전에 한 번 어떤 선생님은 학기 시작할 때 대놓고 이렇게 말했다.

"난 너희들을 공평하게 대하지 않는다. 내 말 잘 따르는 애들은 좋아하겠지만, 그렇지 않으면 인간 대접을 해주지 않겠다."

어떻게 선생님이 그런 말을 하는지 모르겠다. 다른 애들도 나와 비슷한 말을 들은 경우가 많다는 걸 알았다. 선생님들은 정말 불공평하다. 따라서 나는 선생님들이 학생들을 모두 공평하게 대하는 건 불가능하다고 생각한다.

"억울한 기분이 팍팍 느껴진다. 진짜 선생님이 이렇게 말했어?"

"진짜예요. 저 말고도 이런 말을 들은 친구들이 정말 많아요. 그리고 솔직히 선생님들이 공부 잘하는 애들 좋아하는 건 다 아는 사실이잖아요."

"씁쓸하구나. 그리고 문장 고치기는 나중에 할 텐데, 여기 이 문장 다시 한 번 읽어 봐."

왜냐하면 선생님들은 결코 우리들을 동등하게 대해 줄 생각이 없다.

"이 문장이 어때서요?"

"문장 첫머리에 '왜냐하면'을 쓰면 끝에는 뭐가 와야 하지?"

"아~! 때문이다!"

"왜냐하면~ 때문이다. '왜냐하면'과 '때문이다'는 서로 단짝 친구야. 함께 다녀야 해. 이런 기본적인 문법은 알고 쓰도록 하자."

"네. 그럴게요. 그런데요. 시우샘."

글치는 잔뜩 궁금한 표정으로 나를 불렀다.

"왜?"

"지금까지 제가 쓴 글에 이렇게 엉망인 문장 많았죠?"

"응. 꽤 많았어."

"그런데 왜 시우샘은 엉망인 문장을 고치라는 말을 한 번도 안 하세요? 그런 거 고쳐야 문장력이 향상되지 않나요?"

나는 단호히 답했다.

"물론 잘못 쓴 문장은 고쳐야 해. 그리고 지금은 자기 자신을 정확하게 들여다보고 표현하는 능력을 기르는 게 우선이야."

글치는 고개를 끄덕였다.

"문장력을 이루는 세 가지가 뭐라고 했지?"

글치는 머뭇거리지 않고 대답했다.

"첫째는 나를 바라보는 힘, 둘째는 남이 되어 나를 보는 힘, 셋째는 개성 넘치게 나를 표현하는 능력!"

"정확하게 기억하네. 지금 너는 첫 번째 단계를 밟는 중이야. 그러니 지금은 '나를 바라보는 힘'을 기르는 데 집중해. 그 힘을 충분히 기르고 난 뒤에 둘째, 셋째 단계로 넘어 갈 거야."

철학적 질문에 답하는 글을 쓰기는 쉽지 않다. 그래서 대부분의 청소년들이 이런 주제로 글을 쓰라고 하면 한두 줄 쓰고 만다. 한두 줄 정도의 분량으로 짧게, 정답을 달듯이 글을 쓰면 문장력이 늘지 않는다. 문장력을 기르려면 철학적 질문에 답할 때 최소한 '한 문단'을 구성해서 써야 한다.

문단은 생각의 묶음이다. 문장 여러 개가 모여서 한 문단을 이룬다. 문단은 다른 문단과 생각의 묶음이 다르다. 문장력을 기르는 연습을 할 때, 반드시 최소한 한 단락은 꼭 완성하는 습관을 지니기 바란다. 한 단락을 정확하고, 능숙하게 쓰는 능력이 생기면 긴 글 한 편 쓰기가 훨씬 수월해진다.

근거를 풍성하게 제시한다

"첫 번째 질문인 '선생님이 학생들을 모두 공평하게 대하는 건 가능할까?'에 답하는 글 잘 읽었어. 제법이네. 앞으로 여기 나온 스무 가지 주제를 전부 글로 써봐."

"휴~! 힘들겠지만 해볼게요."

"용기에 박수를~! 그리고 앞으로 쓸 때 보충할 부분!"

"뭔데요?"

"근거를 둘 이상 쓰기. 네가 쓴 글을 잘 보면 근거가 하나밖에 없어. 둘 이상의 근거로 뒷받침해야 설득력이 높아지지 않을까?"

"그렇긴 하죠."

"풍성한 근거가 설득력을 높여."

"맞아요. 그런데 더 이상 생각이 안 났어요."

"지금 고민해봐. 다른 근거는 없니?"

글치는 펜을 쥐고 자기 글을 톡톡 쳤다. 펜을 두세 번 떨어뜨리기도 했다. 괜히 지우개를 들었다 놓았다 하기도 했다. 난 아무 소리 안 하고 가만히 지켜봤다. 침묵의 시간이 10여 분 정도 흘러갔다.

생각을 할 때는 침묵해야 한다. 자신이 고민하는 주제에 생각을 온전히 집중해야 한다. 두뇌는 집중할 때 새로움을 창조해낸다. 없던 생각을 찾아내고, 없던 길을 발견해 낸다. 침묵 속에서, 깊은 고민 속에서 새로움이 싹튼다.

10여 분이 지난 뒤 갑자기 얼굴이 환해진 글치는 서둘러 글을 썼다. 자신이 쓴 글 뒷부분에 새롭게 떠오른 생각을 풀어놓았다.

선생님들이 학생들을 모두 공평하게 대하는 것이 불가능한 이유는 둘째 선생님들도 어쩔 수 없는 사람이기 때문이다. 사람은 좋아하는 것과 싫어하는 것이 있고, 좋아하는 것은 좋아하고 싫어하는 것은 싫어한다. 나도 좋아하는 친구가 있고 싫어하는 친구가 있다. △△는 내 절친으로 정말 좋지만, ㅁㅁ는 너무 나대고 다녀서 너무 싫다. 난 △△와 ㅁㅁ를 공평하게 대하지 않는다. 선생님들도 인간이니 당연히 공평하게 대하지 못할 것이다. 그래서 난 선생님들이 학생들을 모두 공평하게 대하는 것은 불가능하다고 생각한다.

글을 다 쓴 뒤 글치는 나를 빤히 봤다. '어때요?'라고 묻는 표정이다.

"좋아하는 사람과 싫어하는 사람이 있기 때문에 공평하게 사람을 대하는 게 불가능하다는 근거가 제법 설득력이 있어."

글치는 만족스런 웃음을 지으며 펜을 내려놓았다.

"풍성한 근거가 설득력을 높인다는 말, 이해하겠니?"

"네. 단지 근거를 하나 더 붙였을 뿐인데 훨씬 좋네요."

"생각은 풍성하게!"

글치는 노트에 내 말을 받아 적었다.

생각은 풍성하게!

"시우샘, 솔직히 제가 쓴 문장 조금 이상하죠?"

난 씩 웃었다.

"부족한 부분 많아. 그리고 거듭 말하지만 지금은 별로 중요하지 않아. 고치는 건 나중에."

스스로 질문하고 스스로 답한다

"생각 쓰기는 이렇게만 연습하면 끝나는 건가요?"

"아니."

"그럼 또 뭘?"

"내가 제시한 질문은 겨우 20개 밖에 안 돼."

"겨우 20개라니요, 무려 20개에요."

"겨우 20개가 맞아. 앞으로 네 삶에는 수많은 질문이 다가올 거야. 남이 질문을 던지기도 하겠지만, 자기 스스로 질문을 던지기도 하겠지. 그 수많은 질문에 비하면 20개는 아무 것도 아냐."

"쩝! 인정하기 싫지만 그러네요."

난 글치 노트를 손으로 톡톡쳤다.

"여기에 지금 떠오르는 질문을 적어 봐."

"질믄이요? 어떤 거요?"

난 대답대신 어깨를 으쓱했다. '자유'라는 뻔한 대답밖에 할 게 없기 때문이다. 글치도 그걸 알아차렸는지 더 이상 묻지 않고 고민을 했다. 또다시 침묵의 시간이 흘렀다. 이번에는 조금 전 침묵보다 길지 않았다.

"아! 생각났어요. 어른들은 친구와 싸우지 말라고 하잖아요. 정말 친구와 싸우면 안 될까요?"

"좋은 질문!"

"그리고 사람이 모든 사람과 잘 지내야 할까요? 학교는 다녀야 할까요?"

"오호, 좋아!"

"대학이 없어지면 안 될까요? 한 사람이 잘못했는데 반 전체를 벌주는 건 옳을까요? 꼭 교복을 입어야 할까요? 중·고등학교 다닐 때는 연애를 하면 안 되나요?"

"질문이 샘처럼 터져 나오는구나. 좋았어! 생각나는 질문을 모두 적어 봐."

하루 10분 글쓰기 18_ 스스로 질문하고 스스로 답하는 글을 쓰기

01. 친구와 싸우면 안 될까?

02. 모든 사람과 다 잘 지내야 할까?

03. 학교는 다녀야 할까?

04. 대학이 없어지면 안 될까?

05. 한 사람이 잘못했는데 반 전체를 벌주는 건 옳을까?

06. 교복을 입어야 할까요?

07. 중·고등학교 다닐 때는 연애를 하면 안될까?

08. 공부를 잘해야만 성공할까?

09. 건강에 나쁘다는 음식을 팔아도 될까?

10. 자동차를 전부 없애면 안 될까?

11. 배우고 싶은 과목만 배우면 안 될까?

12. 청소년에게 투표권을 주면 안 될까?

……

"와! 막 생각이 나요. 처음엔 어려웠는데 한 번 생각이 나니까 물밀듯이 생각이 나요. 재미있네요. 이런 질문에 답해 보는 글이라, 진짜 재미있겠어요."

질문하기와 생각하기는 재미있는 두뇌 활동이다. 한 번 재미를 들이면 누구나 푹 빠져든다. 다만 그걸 적극 지지해주는 교육이 없기 때문에 청소년들이 질문하기와 생각하기를 못할 뿐이다.

감정을 쓴다 05

"자신의 감정을 쓰기! 감정, 감정! 감정이 원래 익숙한데도 글로 쓰려고 하니까 낯설어요."

글치는 내가 내준 과제를 보면서 답답함을 토로했다.

하루 10분 글쓰기 19_ 자신의 감정을 쓰기

"감정 언어라고 하면 싫다, 좋다, 짜증난다, 기쁘다, 뭐 이 정도만 생각했는데 『국어독해력 만점공부법』을 보니까 엄청 많던데요."

"감정 언어는 생각보다 많아. 그리고 대다수 사람들은 몇 가지 감정 언어만 사용하고, 다양한 감정 언어를 사용하지 못해. 그러니 자기 감정도 제대로 알지 못하고, 다른 사람의 감정도 제대로 알지 못하지."

감정을 찾아 표현하기

난『국어독해력 만점공부법』책을 꺼내 감정 언어 부분을 폈다.

밝음 : 반가워, 싱그러워, 자랑스러워, 따스해, 편안해, 사랑해, 즐거워, 고마워, 기뻐, 가벼워, 다정해, 예뻐, 홀가분해, 즐거워, 미더워, 뿌듯해, 시원해, 설레, 넉넉해, 듬직해, 살가워, 귀여워, 근사해, 두근거려, 애틋해, 흥겨워, 사랑해, 벅차, 재미있어, 살맛 나, 상큼해, 상쾌해, 신나, 당당해, 끝내줘, 멋져, 황홀해, 화끈해, 흥분돼, 짜릿해, 두근거려, 확고해

어둠 : 짜증나, 징그러워, 속상해, 썰렁해, 귀찮아, 겸연쩍어, 짓궂어, 아리송해, 역겨워, 억울해, 미워, 미쳐, 의심스러워, 구차스러워, 더러워, 질려, 독해, 억지스러워, 환장해, 서운해, 시시해, 치사해, 화나, 갑갑해, 차가워, 구질구질해, 원망스러워, 아까워, 확고해, 쑥스러워, 아까워, 억장이 무너져, 겁나, 무안해, 긴장돼, 서먹해, 불안해, 곤혹스러워, 착잡해, 몽롱해, 부담스러워, 암담해, 두려워, 슬퍼, 캄캄해, 무서워, 외로워, 측은해, 아파, 답답해, 안타까워, 민망해, 찜찜해, 답답해, 우울해, 창피해, 아찔해, 미안해, 지쳐, 부끄러워, 걱정돼, 쪽팔려, 참담해, 비참해

『국어독해력 만점공부법』 중에서

"이거 읽으면서 여러 번 표현해봤어요. 그랬더니 예전보다는 감정 언어가 익숙해졌지만, 여전히 몇 가지 감정 언어만 익숙하고 나머지는 낯설어요. 솔직히 제 자신의 감정을 어떤 단어로 표현해야 할지 모르는 경우가 더 많았어요."

"나도 마찬가지야. 내 감정을 정확하게 표현하고, 다른 사람 감정을 정확하게 읽어내려고 노력하지만 쉽지는 않더라. 워낙 우리 사회가 감정 표현을 잘 허용하지 않는 분위기라서 그런 가 봐."

"맞아요. 그래도 감정은 중요해요. 속에 감정이 쌓이면 진짜 미쳐요."

"답답하지. '임금님 귀는 당나귀 귀'라고 외치지 못한 이발사도 결국은 '답답함' 때문에 미치려고 했잖아. 자기만 아는 진실을 말도 못하니 그 답답함이 얼마나 크겠어. 당연히 속병이 나지. 그걸 털어 놓으니 답답함이 풀리고, 모든 고민이 끝났지."

"감정 쓰기라. 그런데 한 두 문장 쓰고 나면 쓸 게 없어요. 시우샘이 글을 쓸 때는 최소한 한 문단으로 쓰라고 했잖아요. 생각의 기본 단위는 문장이고, 생각은 여러 문장이 하나의 묶음을 이루어 완성되죠. 문단으로 쓰려면 여러 문장을 써야 하는데……."

"넌 이미 해결책을 제시했어."

내 말에 글치는 의아한 듯 바라봤다.

"이미 찾다니요? 네가 방금 말하면서 다 했잖아."

"제가……뭘요?"

"감정을 쓰려면 가장 먼저 뭘 해야 할까?"

"가장 먼저 할……일은……먼저 감정을……찾아야죠."

더듬거리면서 글치가 말했다.

"지금 네 감정은 어때?"

"지금 제 감정이요? 글쎄……아, 답답해요."

"넌 '답답하다'는 감정을 찾았어. 그럼 그걸 써!"

글치는 황당해 하면서도 글을 썼다.

나는 정말 답답하다.

"쓰긴 썼는데요, 이 다음엔?"

"그거 쓰고 말 거야?"

"아!"

글치는 다시 글을 썼다.

나는 정말 답답하다. 왜냐하면 시우샘이 감정 쓰기를 시켰는데 감정은 찾았지만 덧붙일 말이 잘 생각나지 않기 때문이다.

"썼어요."

글치는 다시 나를 봤다.

"그 다음엔요?"

"넌, 이미 네가 답답한 이유를 다 말했어. 그걸 글로 옮기면 돼."

"아! 이런~. 그러네요."

글치는 자기가 쓴 글을 보더니 지우개를 들었다.

"이거 지우고 다시 쓸게요."

시우샘이 감정 쓰기를 하라고 해서 쓰는데 너무 어려웠다. 답답하다는 생각은 들었는데 그 이유를 쓰려고 하니까 어떻게 써야할지 몰라서 너무 어렵고 막막하고 솔직히 뭘 어떻게 써야 할지 도대체 알 수가 없어서 갑갑했다. 감정 쓰기가 이렇게 어렵다니 하는 생각만 들었다. 그러다 시우샘이랑 얘기를 하다보니 '그냥 이렇게 쓰면 되는구나' 하는 생각이 들어서 지금 이렇게 글을 쓴다. 이렇게 쓰고 나니 아주 시원하지는 않지만 그래도 이 정도 썼다는 생각에 기분이 상쾌하다.

"좋네. 감정 언어를 제법 잘 다루는 걸."

"잘한 건가요?"

"응! '답답하다', '막막하다', '갑갑하다', '시원하다', '상쾌하다', 감정 언어를 다섯 개나 사용했잖아."

감정 쓰기는 경험 쓰기와 비슷하다. 감정은 경험 속에서 나오기 때문이다. 다만 감정 쓰기는 경험에 내면에서 뿜어져 나온 감정을 덧붙인다는 점만 다르다. 멋진 풍경을 보고 그냥 풍경을 눈에 보이는 대로 옮기기만 하면 경험을 쓴 글이지만, 멋진 풍경을 통해 자신이 느끼는 감정을 풍부하게 담아내면 감정을 담은 글이 된다.

화를 글로 푼다

"감정 쓰기를 하라고 하니까 갑자기 생각이 나는데요, 어제 학원에서 정

말 재수가 없었어요. ㅁㅁ라는 애가 있는데, 정말 짜증나요."

글치 목소리엔 짜증이 가득 묻어났다.

"짜증이 많이 난 모양이구나."

"짜증 정도가 아니라, ㅁㅁ만 생각하면 막 화가 나요."

글치는 평소답지 않게 씩씩거렸다.

"그게 어떻게 된 거냐면요……."

"잠깐!"

난 글치 말을 끊었다.

"말로 하지 말고 글로 써봐. 누군가에게 화날 때, 욕하고 싶을 때, 분노가 치밀어 오를 때 글로 쓰면 좋아."

"어른들은 대게 그런 글 싫어하잖아요. 대부분 누굴 욕하는 글은 쓰지 말라고 하던데……."

글치는 의아해했다.

"하면 어때서? 자기 감정을 표현하는데 뭐가 나빠. 더욱이 누군가에게 대놓고 말하는 것도 아니고, 그저 자기가 쓰고 자기가 보는 글인데 남들이 뭔 상관있어. 감정을 표현하지 못하고 답답하게 가둬두면 오히려 더 안 좋아. 거듭 말하지만 자신이 쓰고 싶은 글은 자유롭게 써. 네가 뭘 쓰든 자유야. 대한민국은 '표현의 자유'를 헌법이 보장하는 민주주의 국가야."

누군가에게 화가 나고, 싫고, 짜증나면 글로 쓴다. 누군가에게 보여주고 싶다면 보여주어도 되고, 보여주기 싫다면 보여주지 않으면 된다. 자기 감정을 솔직하게 풀어내야 속에 찌꺼기가 남지 않는다. 감정의 찌꺼기를 제거하면 시원하다.

ㅁㅁ가 책상에 걸터앉아 있는데 내가 그 옆을 지나가다가 살짝 부딪쳤는데 ㅁㅁ가 "야, 조심해서 다녀."라고 했다. 굉장히 신경질적인 말투였다. 일부러 그런 것도 아닌데 트집을 찾는 것 같아서 "뭐 그런 것 같고 그러냐"고 한 마디 했더니 ㅁㅁ가 ***라고 욕을 했다. 난 ***라는 욕을 듣자 화가 치밀었고 나도 ***라고 욕을 해주었다. 책상에 걸터앉아 있던 ㅁㅁ는 벌떡 일어나더니 날 노려봤고 뭔가 욕을 더 하려는 것 같았다. 나도 ㅁㅁ를 노려봤는데 선생님 오신다는 소리가 들리지 않았다면 아마 더 심한 욕이 오고갔을 지도 모를 것 같다. 난 ㅁㅁ가 너무 싫고 짜증나고 가능하면 한 대 쥐어 패고 싶다.

"괜찮나요? 이런 글?"

욕을 글로 옮겨놓으니 눈치가 보였나 보다.

"뭐 어때서? 이건 누군가에게 보내는 글이 아니잖아. 그냥 너 스스로 감정을 풀기 위해 쓴 글일 뿐이야. 예를 들면 자기 일기에 자기 뭐라고 쓰든 도대체 무슨 상관이겠어. 이 글도 마찬가지야. 난 감시자도 감독자도 아니야. 넌 너 자신의 감정을 표현할 자유가 있어."

"헤헤, 글로 욕을 하고 나니 시원하네요. 솔직히 더 심한 욕을 쓰고 싶지만 뭐 이 정도만 해도 시원해요."

"시원하다는 말 들으니 반가워. 감정 표현을 하면 시원해! 담아두면 답답하지."

주위의 시선에 신경을 쓰지 않는다면 감정 쓰기는 쉽다. 감정 쓰기를 어렵게 느끼는 이유는 어릴 때부터 감정 표현을 제대로 못했기 때문이다. 감정 교류가 없는 가족 분위기나, 지식 학습만을 강요하는 사회적인 분위기 탓에 감정 표현이 낯설 뿐이다. 또한 싫어하고 분노하는 감정이 아무리 커도 남에게 '날 것' 그대로 표현하면 나쁘다는 어른들의 날선 도덕 규율이 감정 표현을 억제하기도 한다.

압력밥솥에 김이 가득 찬 상태에서 뚜껑을 열면 뚜껑이 터진다. 뚜껑이 터지지 않게 하려면 김을 미리 빼야 한다. 감정 쓰기, 감정 표현하기는 김을 빼는 과정이다. 분노, 화, 억울함 같은 감정은 표현해야 사그라진다. 특히 글은 자기 감정을 차분하게 들여다보는 기회를 제공하기 때문에 말과는 다른 장점이 있다.

글쓰기를 어려워하는 청소년들도 누군가에게 하고 싶은 욕을 마음껏 하라고 하면 아주 편하게 글쓰기를 한다. 억눌린 감정을 표출하고 싶은 욕구가 강한 만큼, 그 욕구를 표현하는 기회만 제공해주어도 글을 시원하게 쓴다. 평소에 글 쓰는 일이 재미없다고 여기다가도 감정 표현을 마음껏 하는 글은 제법 잘 쓴다. 억눌린 감정을 표현하려는 욕구가 강렬하기 때문에 평소에 어려워하는 글쓰기조차 재미있게 느껴지는 것이다.

주위 사람에게 글로 자기 감정을 전한다

"제 감정을 글로 쓰니 시원해요. 그런데 다른 사람에게 전해주지 않고 혼자만 보니까 조금 아쉬워요. 솔직히 이런 글은 ㅁㅁ에게 확 보여주어야 하는데."

"네 마음은 이해해. 그리고 그랬다간 정말 싸움이 커질 거야."

"그렇겠죠. 그래도 글로 제 화난 감정을 전하고 싶어요."

"당연하지. 그리고 남에게 자기 감정을 전달할 때는 다른 사람도 생각해야 해."

글치는 길게 한숨을 내쉬었다.

"맞아요. 그때는 표현의 자유가 없는 거죠."

"아니, 자기 감정은 솔직하게 표현해야지. 다만 다른 사람도 감정을 지닌 사람이야. 네 솔직한 감정을 전하면서도 다른 사람을 생각하는 마음이 필요하지. 표현의 자유를 누리되, 남을 존중하는 마음도 잃지 말라는 거야."

"약간 어렵지만 무슨 말인지는 알겠어요."

"글로 네 마음을 전해야 할 대상은 보기만 해도 짜증나고 싫은 사람이 아니라 너랑 밀접한 인연을 맺고 있는 사람들이야."

"듣고 보니 그러네요."

정보통신 기술이 빠르게 발전하면서 사람들은 너무나 쉽게 자기 감정을 단문으로 전한다. 손으로 쓴 편지를 받아본 기억을 간직하고 있는 사람은 손 글씨로 쓴 편지의 소중함과 따스함을 안다. 안타깝게도 대부분의 청소년들이 그런 따스한 기억이 없다. 휴대전화와 인터넷으로 전하는 디지털 세상의 글은 손 글씨와 종이가 주는 정겨움을 따라가지 못한다.

아빠는 항상 제게 이러저러한 얘기를 많이 해주시죠. 그런데 대부분의 얘기가 공부 열심히 해라, 성실해라, 머리보다 노력이 중요하다, 성공해야 한다, 뭐 다 그런 식의 얘기밖에 하지 않으셔서 너무 듣기 싫고 막막하기만 하고, 아빠랑 얘기하는 게 꺼려져요. 물론 아빠가 하시는 얘기가 맞다는 건 알지만 날마다 그런 얘기만 하는 건 듣기 싫고 아빠 앞에만 서면 주눅이 들고 힘들어요. 아빠랑 다른 얘기를 하고 싶어요. 공부 말고 편한 얘기를 나누고 싶어요. 꼭 그러면 좋겠어요.

아빠, 엄마, 동생, 언니, 친구, 선배, 후배, 선생님, 이웃집 아줌마, 이모, 삼촌, 할아버지, 할머니 등 자기 감정을 전할 사람들은 주위에 무수히 많다. 정성을 담아 자신의 마음을 전하자. 소중한 사람들과 진짜 감정을 나눌 때 관계는 깊어지고, 행복은 더해진다. 편지에 꼭 좋은 말만 쓸 필요는 없다. 자신이 평소에 서운했던 감정이나 원하는 바를 전해도 좋다. 무엇을 전하든 정성이 담기고 솔직하기만 하면 된다.

자기를 들여다본다

“소크라테스가 한 유명한 말, 혹시 알아?”

내가 물었다.

“악법도 법이다!”

글치는 한 순간도 머뭇거리지 않고 대답했다.

“아니, 아니! 틀렸어. 소크라테스는 그런 말 한 적 없어.”

“네? 안 했다고요?”

“응, 소크라테스는 자신이 이익일 때 법을 따르다가 자신에게 불리한 상황이 되면 법을 따르지 않는 자세는 옳지 않다는 취지의 말을 했을 뿐이야. 그런 말은 ‘악법도 법이다’란 말과는 완전히 다르지. 악법은 고쳐야 할 법이지, 따라야 할 법이 아니야.”

“오, 완전 처음 들었어요.”

“그 말 말고 진짜 유명한 말 있잖아.”

“아! 너 자신을 알라!”

“너 자신을 알라는 말도 소크라테스가 처음 한 말이 아니라 델포이에 위치한 아폴론 신전 입구에 적힌 글이라고 해.”

“와, 이건 완전 사기다!”

글치는 어이없는 얼굴로 나를 봤다.

“사기’라니……, 네 황당함이 느껴진다. 하하하~! 아무튼 소크라테스가 너 자신을 알라는 말을 굉장히 중요하게 여긴 건 사실이야. ‘너 자신을 알라!’ 정말 어려운 말이지.”

“그건 그래요. 쉽지 않죠. 저도 솔직히 저를 모르겠어요.”

"그래서 자기를 향한 글쓰기가 중요해. 자기 스스로 자신을 발견하려는 노력이야말로 태어나서 죽을 때까지 한 순간도 소홀해서는 안 돼."

"시우샘이 쓴『철학은 엄마보다 힘이 쎄다』에서 사람은 자기 자신을 가장 많이 속인다는 말이 기억나요. 자기 자신에게 정직해야 한다는 말도 정말 인상 깊었어요."

"글은 자신을 들여다보는 아주 좋은 수단이지. 글은 불분명한 생각을 분명하게 만드니까. 자신을 들여다보고 사색하고, 자기 감정을 살피기 위해서 글을 적극 사용해야 해. 그런 면에서 일기는 정말 훌륭한 수단이지."

"일기는 싫어요."

글치는 손까지 흔들며 질색을 했다.

"초등학교 때 잘못된 일기 쓰기 교육을 받은 탓이니 네가 싫어하는 마음은 이해해. 하지만 자기 감정을 솔직하게 살피는 일기 쓰기, 누군가에게도 보여주지 않고 자기만을 위한 일기는 정말 필요해. 일기는 자기 내면을 살찌우는 정말 좋은 수단이야."

"샘의 말이 맞긴 하지만, 일기는 생각만 해도 싫어요."

이쯤에서 나는 화제를 바꿨다.

"조금 전에 아빠에게 쓴 편지 글을 보며 뭔가 아쉬웠어."

"전 솔직하게 썼는데요?"

"그래, 알아. 그리고 너의 진짜 속마음이 잘 드러나지 않은 듯해서 말이야. 진짜 속마음, 정말 네가 원하는 감정이 무엇인지 모르겠더라."

"그래요? 흠."

"자기를 솔직하게 들여다보기, 그 감정을 글로 쓰기, 쉬운 듯하지만 참 어려워."

글치는 조금 전에 아빠에게 쓴 글을 가만히 들여다봤다. 사색의 시간이었고, 자기 탐구의 시간이었다. 한참을 고민하던 글치는 조심스럽게 펜을 움직였다.

난 아빠와 편한 얘기를 나누고 싶다. 심각하고 어려운 얘기 말고 그냥 재미난 얘기를 나누고 싶다. 아빠는 항상 어려운 얘기, 무거운 얘기만 한다. 난 아빠와 재미난 얘기, 가벼운 얘기를 나누고 싶다. 좋아하는 노래, 좋아하는 영화, 친구나 동료들과 있었던 얘기 등 그냥 시시콜콜한 일들로 수다를 떨고 싶다. 아빠랑 재미나게 수다 떨고 싶다는 내 소원은 너무 이루기 어려운 소원일까? 그렇게 큰 소원 같지도 않은데…….

"솔직하네. 그리고 질문 하나. 왜 아빠와 재미난 얘기로 수다를 떨고 싶을까?"

글치는 다시 고민에 빠져들었다. 자기 탐구의 시간이었다. 조금 뒤 글치의 손이 움직였다.

난 아빠와 친하게 지내고 싶다. 아빠를 멀리 느끼지 않고 정말 친한 친구처럼 가깝게 느끼고 싶다. 아빠가 멀게 느껴지는 게 너무 싫다. 아빤데, 아빠가 너무 멀게 느껴져 너무 싫고~~~ 안타깝다. 아빠랑 가까워지고 싶다.

"그래. 네 속마음이 이거구나. 네가 진짜 원하는 게 바로 이거였구나."

난 글치의 등을 토닥였다.

"쓰고 나니 시원해요. 제 자신을 진짜로 알 때의 느낌……음, 그러니까…… 뿌듯해요."

글치 얼굴이 환했다.

"그래, 너의 뿌듯함이 내게도 가득 전해온다."

"아빠에게 이거 조금 고쳐서 전해야겠어요."

"아빠가 네 마음을 잘 받아줄 거야."

"저도 그러리라 믿어요."

힘이 실린 말이었다.

"자, 지금까지 잘 따라왔어. 문장력의 출발인 '자신을 바라보는 힘'을 기르는 요령은 충분히 알았으니까 이제 다음 단계로 넘어가자."

"다음 단계는 '남이 되어 나를 보는 힘'을 기르는 거네요. 어떻게 하는 건지 진짜, 진짜 궁금해요."

2악장에서는 글쓰기의 출발인
'자신을 바라보는 힘'을 기르는 요령을 배웠어요.
그리고 감각 쓰기부터 생각 쓰기까지
다양한 글쓰기도 배웠어요. 다음 3악장에서는 문장력
기르기로 '남의 시선으로 내 글을 읽는 힘'이에요.
다른 사람의 눈으로 내 문장을 보는 힘을 길러보세요.
그러면 또 다른 느낌으로 글을 쓸 수 있어요.
- 시우샘

십대를위한

유쾌한

글쓰기콘서트

3악장

내 글을 읽는 힘, 문장력 다지기

01 낯선 시선으로 내 문장을 보라

창문 밖으로 넓게 펼쳐진 운동장이 쓸쓸하다. 놀이 친구를 잃어버린 운동장은 모래 바람을 눈물로 흘린다. 생기를 잃은 운동장에게 나라도 친구가 되어주고 싶단 생각이 들었다. 운동장도 내게 함께 놀자고 손짓했다. 몸을 돌려 나가려는데 연구소 문이 열리며 글치가 들어왔다.

"안녕하세요."

꾸벅 인사를 했다.

"안녕! 잠시 나갈래?"

무슨 영문인 줄 몰라 어리둥절 하는 글치를 데리고 운동장으로 나갔다. 글치는 뭔가 물어보려고 했지만 난 집게손가락으로 입술을 막았다. 말을 닫으니 운동장이 말을 걸어왔다. 무수한 발길과 왁자지껄한 소리를 그리워하는 운동장이 안쓰러웠다.

"시우샘!"

글치가 눈치를 보다 기어들어가는 소리로 겨우 날 불렀다.

"운동장이 쓸쓸해서 친구가 되어 주려고."

"네?"

황당한 감정이 글치의 얼굴에 가득했다.

"들어가자."

글치와 함께 연구소로 다시 들어왔다. 글치는 음료수를 마시고, 난 효소를 한 잔 마셨다. 효소를 마시는 내내 난 침묵했다. 가끔씩 운동장만 바라봤다. 외로운 운동장에 자꾸 마음이 쓰였다. 자전거 한 대가 운동장을 가로 질렀다. 운동장에 새 친구가 나타나니 마음이 조금 놓였다.

민다? 두드린다?

"오늘부터 '남이 되어 나를 바라보는 힘'을 기르기로 했지?"

효소를 다시 한 잔 따르면서 내가 말했다.

"네!"

글치가 음료수 컵을 만지작거리며 말했다.

"남이 되어 나를 바라보는 힘이 왜 필요하다고 했지? 혹시 기억나?"

"음~, 내 글을 읽는 사람의 수준이나 상태를 고려하며 글을 쓰기 위해서요."

"조금 더 자세히 설명해 볼래?"

"문장력은 싱크로율이에요. 나와 남의 생각이 일치되는 정도인 싱크로율이 문장력을 결정하죠. 싱크로율을 높이기 위해서는 내가 나를 잘 표현할 줄도 알아야 할 뿐만 아니라 남에게 나를 정확하게 전달해야 해요. 그러려면 다른 사람의 처지와 수준을 고려해서 글을 쓰는 능력이 필요해요."

"좋았어. 배울 준비는 잘 됐어."

글치처럼 배울 준비를 제대로 한 제자를 만나면 너무 기쁘다.

"그런데요, '남이 되어 나를 바라보는 힘'이 문장력을 기르는 과정에서 구체적으로 뭘 말하는 건지 잘 모르겠어요."

"지금부터 네 궁금증을 풀어보자. 이거 한번 읽어 볼래?"

"이건 선생님이 쓰신 『고사성어 만점공부법』이잖아요."

"그래, 여길 읽어 봐."

난 '퇴고(推敲)' 부분을 가리켰다.

퇴고(推敲)는 밀고 두드린다는 뜻으로, 글을 쓸 때 문장이나 표현을 여러 번 생각해서 고친다는 말이야.

당나라 때 시인 가도가 말을 타고 가다가 시를 지었어.

이웃이 드물어 한가하고
풀숲 오솔길은 황원에 통하는데
새는 연못가 나무에 잠자고
중이 달 아래 문을 민다.

시를 다 지어놓고 생각해보니 '중이 달 아래 문을 민다'에서 민다(퇴, 推)

고 해야 좋을지, 두드린다(고, 敲)고 하는 게 좋을지 헷갈렸어.

'퇴推?, 고敲?, 민다?, 두드린다?'

계속 중얼거리면서 가다가 큰 길에서 아주 높은 벼슬아치와 '꽝' 하고 부딪치고 말았어.

"아니, 어떤 놈이냐? 이게 어디서 우리 주인님 가시는 길을 막아서는 거냐?"

"이분이 누구신지 아느냐? 썩 무릎을 꿇고 용서를 빌지 못할까?"

가도는 퇴推?, 고敲?만 생각하다가 졸지에 하인들에게 붙잡혀서 무릎이 꿇렸지. 행차의 주인은 아주 유명한 시인이던 '한유'였어.

"어인 일로 나와 부딪쳤는고?"

"아이고, 죄송합니다. 제가 이러저러한 시를 짓다가 마지막 표현을 퇴推로 할지, 고敲로 할지 고민하다 부딪치고 말았습니다. 죄송합니다."

한유는 가도를 나무라지 않고 가만히 생각하더니 이렇게 말했어.

"내 생각엔 '민다'보다는 '두드린다'는 표현이 좋겠네."

"네, 그렇군요. 감사합니다."

그 일이 있은 뒤부터 가도와 한유는 절친한 친구가 되었다고 해.

퇴고(推敲)는 글쓰기에 꼭 필요한 과정이기도 하지만, 인생을 살아가는 데도 꼭 필요한 말이지. 자신이 한 행동, 자신이 한 말을 되돌아보며 반성하고, 새롭게 고쳐 나가는 자세는 살아가면서 꼭 필요하니까.

『고사성어 만점공부법』 중에서

"되고, 민다고 해야 할지, 두드린다고 해야 할지 고민하다 두드린다를 선택했다는 말인데……, 아! 고치기! 남의 눈으로 내 글을 보는 힘, 그건 바로 '고치기'에요. 내 글의 부족한 점을 고칠 때는 남의 눈으로 내 글을 보라는 뜻이에요. 그러니까 **'남의 눈으로 내 글을 보는 힘'이란 결국 내 글을 고치는 능력**을 말하는 것이로군요."

짝! 짝! 짝!

"놀라운 발전이야. 가르쳐주지 않아도 스스로 생각해서 깨닫다니, 멋져!"

난 엄지손가락을 치켜세웠다.

낯선 시선이 필요하다

"나는 내가 쓴 글을 다 알아. 잘 쓰든, 못 쓰든 상관없이 내 글이기 때문에 다 알아. 철자법이 틀리든, 띄어쓰기가 틀리든 상관없어. 문장을 길게 쓰든, 문단을 나누지 않든 상관없이 내가 쓴 글을 나는 다 이해해."

"네. 반면에 내 글을 읽는 사람은 나와는 완전히 처지가 다르다는 거죠?"

"그래. 글을 읽는 사람은 내가 한 경험이나, 내 머릿속의 생각을 내가 전해주지 않는 한 몰라. 모르는 상태에서 내가 쓴 글만을 읽고 내가 한 경험이나 생각을 이해해야 해. 만약 글이 충분하지 못할 경우 내가 무슨 말을 했는지 글을 읽는 사람은 제대로 이해하지 못하지."

"문장력이 떨어지는 사람은 다른 사람 처지에서 내 글을 볼 줄 모른다는 거죠? 자신이 쓴 글을 읽고 자기가 이해하면 충분하다고 생각하겠죠."

"다른 사람이 자신의 글을 읽고 얼마나 이해할까 고려하지 못하는 태도는 남의 처지를 이해하지 못하는 태도와 정확히 일치해."

글치는 눈을 동그랗게 떴다.

"아! 그래요? 저는 문장력이란 단지 글쓰기 실력이라고만 생각했는데, 남의 처지를 이해하지 못하는 태도와 같다니, 인격이랑 문장력이랑 똑같다는 건가요?"

"남의 처지에서 내 글을 보는 능력이나 다른 사람 처지가 되어 그 사람을 이해하는 인격은 비슷하지."

글치는 여러 번 고개를 끄덕였다.

"낯선 사람이 내 글을 본다고 생각하고 글을 고쳐야 하겠네요."

"그러, 낯선 사람! 정말 좋은 표현이다. 낯선 사람의 시선으로 내 글을 보면 내 글의 부족한 점, 고쳐야 할 점이 분명히 보여. 퇴고(推敲)의 고사성어에서 '가도'가 '민다'와 '두드린다'로 고민할 때 '한유'가 '두드린다'가 더 좋다고 말해주잖아. '한유'는 '가도'에겐 낯선 사람이지. '한유'는 '가도'의 글을 낯선 시선으로 보았고, 더 정확한 표현을 선택했어. 그게 바로 글 고치기, 즉 퇴고하는 원리야."

글치는 내 말을 듣고 메모를 했다.

낯선 시선으로 내 글을 보며 고치기

"말은 쉬운데 솔직히 낯선 시선으로 내 글을 보는 게 쉽지 않아요. 남의 처지가 되어 보라는 말은 쉽지만 제대로 하기는 진짜 어려워요."

"그럼~, 어렵지. 어려우니까 낯선 시선으로 보는 연습이 필요해."

"어떻게 연습해요?"

02 낯선 시선으로 보는 연습

『국어독해력 만점공부법』의 핵심은 '사람을 이해하는 힘'이었다. 사람을 이해하려면 경험과 상상이 필요하다. 그리고 남의 처지에서 나를 보는 힘을 기르기 위해서도 마찬가지 요령이 필요하다. 내 경험을 바탕으로 상상력을 동원해야 한다. 다른 사람의 처지에서 내 글을 보기 위해서는 특히 상상력이 필요하다. 상상력은 내 시선이 나를 벗어나게 해준다. 상상력은 나에게서 벗어나 자유롭게 나를 보는 힘을 준다.

"지금부터 소개하는 것은 상상력을 길러서 낯선 시선으로 나를 보는 힘을 기르는 방법이야. 하나씩 따라해봐. 그리고 꼭 글이 아니더라도 평소에 내가 소개하는 방법을 연습하면 여러 가지 면에서 도움이 될 거야."

"네, 그럴게요."

연극, 남이 되는 가장 좋은 방법

"낯선 시선을 훈련하는 가장 좋은 방법은 연극이나 영화야."

"연극이나 영화요? 저는 연기 잘 못하는데."

"나도 잘 못해."

"근데 왜 해요?"

"연극이나 영화에서 하는 연기는 내가 아닌 남이 되어 살아보는 경험이기 때문이야. 살면서 좀처럼 하기 힘든 경험이지."

"그렇긴 하지만 전 연기하는 재주가 없어요."

"그래서 교육이 필요한 거야."

"학교에선 꿈도 못 꿔요."

글치 말에 막막함이 묻어 나왔다.

"맞는 말이야. 나는 학교에서 빠짐없이 연극이나 영화 교육을 해야 한다고 생각해. 내가 쓴 책에서 여러 번 주장을 했지만, 나처럼 힘 없는 사람이 하는 주장이라 별로 반응은 없더라. 연극이나 영화는 남이 되어 사는 연습을 통해 타인을 이해하는 힘, 낯선 시선으로 나를 보는 힘을 길러줘. 그래서 문장력뿐만 아니라 독해력, 표현력, 관계 맺는 능력까지 다양하게 길러줘. 연극이 필수 과목이 되면 좋겠다는 생각을 늘 하지만 받아들이지 못하는 교육 현실이 참 안타까워."

나도 말하면서 안타까웠다. 왜 연극이나 영화처럼 좋은 교육을 학교에서 안 하는지 이해가 안 간다. 특히 영화는 요즘 세대들이 정말 좋아하고 친근하게 여기며 거대한 산업을 형성했음에도 전혀 가르치지 않는다.

"좋긴 하지만 현실에선 불가능해요."

"난 불가능하다고 보진 않지만 어렵다는 건 인정해."

"그럼 아무 쓸모가 없는 방법이잖아요."

"그렇진 않아. 연극이나 영화는 여러 사람이 모여야 가능하지만, 혼자 연극과 비슷한 상황을 만들어서 훈련하는 건 얼마든지 가능하거든."

"어떻게요?"

"바로 역할극이지. 소꿉놀이도 좋은 방법이고."

"소꿉놀이요? 에이, 그걸 이 나이에 어떻게 해요."

글치는 손을 흔들며 정색을 했다.

"네 나이 때는 조금 그렇긴 하지만, 친구 몇 명이서 짧은 영화 한 편 찍는다 생각하고 동영상을 찍는 건 가능하잖아. 재미있는 놀이기도 하고, 다른 사람이 되어 살아보는 경험이 되기도 하고."

"그건 그러네요. 한 번 친구들과 해볼게요. 그래도 솔직히 너무 바쁘게 살아서 가능할지는 모르겠어요."

"그러게. 참 안타까운 일이야."

내가 그 사람이라면

잠시 시무룩하던 글치는 머리를 한 번 흔들더니 말했다.

"이젠 실제로 연습할 만한 방법을 알려주세요."

"아쉽기는 하지만 연극은 해보라고 권하는 정도로만……. 가장 연습하기 좋은 방법은 바로 드라마나 영화, 애니메이션을 활용하는 거야."

영화나 드라마, 애니메이션을 볼 때 화면 속에 등장하는 인물이 되는 상상을 한다. 등장 인물이 처한 처지와 상황을 머릿속에 담은 뒤 내가 그 사람이라면 어떻게 행동하고, 어떤 일이 벌어질지 상상하여 써본다.

● 하루 10분 글쓰기 23_ 영화, 드라마, 애니메이션 속 인물이 되는 상상을 하며 쓰기 ●

"드라마나 영화, 애니메이션 중에서 하나 떠올려봐."

"음, 뭘 할까? 아, 생각났어요."

"등장 인물 중 한 명이 되는 상상을 해."

잠시 눈을 돌리며 상상에 빠지던 글치는 무언가 떠오른 듯 휘갈겨 썼다.

…… 오늘도 회의를 연다고 앉았는데 지구 정복 계획이라고 대장이 내 놓는 아이디어를 들으니 얼토당토않아서 화가 나고 짜증이 나서 소리를 질렀다.

"넌 도대체 그걸 계획이라고 내 놓는 거냐?"

난 옆구리에 찬 총을 꺼내 한 방 쏘고 싶었지만 이번에야 말로 내가 계획을 나서 멋지게 지구를 정복하겠다는 결심을 했다. 멋진 생각이 뭐 없을까 떠올리는데 ……

"생각해보니 꼭 드라마, 영화, 애니메이션 속의 등장인물뿐만 아니라 뉴스에 나오는 사람이 된다고 상상해도 괜찮겠네요."

"그렇지."

"책이나 만화 속 등장인물도 좋고, 학교에서 만나는 친구들이나 선생님들, 길거리에서 보는 사람들이 되는 상상을 해도 재미있겠어요."

"바로 그거야. 상상은 자유롭게."

꼭 글로 쓰지 않더라도 내가 다른 사람이 되는 상상은 다른 사람 처지에서 세상을 보는 눈을 길러준다. 물론 정말 신난다.

나와 다른 사람이 뒤바뀐다면

"이번엔 너 주위 사람과 네가 완전히 뒤바뀌었다고 생각하고 글을 써 봐."

"뒤바뀌다니요? 무슨 말인지 잘 안 다가와요."

"넌 동생이랑 많이 다투지?"

"네."

"그러면 너랑 동생을 뒤바뀌 놓고 글을 쓰는 거야. 글치 네가 동생이 되고, 동생이 글치 네가 되는 거지."

하루 10분 글쓰기 24_ 다른 사람과 내가 뒤바뀐 상상을 하며 쓰기

잠깐 생각을 하던 글치가 말했다.

"아~. 참! 동생 말고 다른 사람은 안 되나요?"

"안 될 게 뭐가 있겠어. 표현의 자유!"

"그렇죠. 표현의 자유. 히히."

"쓰고 싶은 게 있나 봐?"

"그럼요. 어떤 애가 저한테 정말 재수 없게 굴었거든요."

글치는 들뜬 목소리로 말했다. 신나게 글을 쓰려고 하던 글치는 정작 펜을 든 뒤에는 머뭇거렸다. 무언가 골치 아픈 생각이 떠오른 듯했다. 점점 시무룩한 얼굴이 되었다. 마지못해 쓰는 기색이 뚜렷했다.

ㅁㅁ이 내가 되고, 내가 ㅁㅁ이 된다면~~

청소 시간에 ㅁㅁ이 나한테 "야, 네가 담당인데 왜 청소 안 해?"하며 나에게 말했다. 난 ㅁㅁ이 하는 말이 솔직히 재수가 없었다. 청소를 자신이 하면 하는 거지 왜 나한테 대고 저 따위 말을 하는지 정말 모르겠다고 생각을 하고 난 "너나 잘해라" 하고 쏘아 붙였는데 ㅁㅁ은 재수 없게도 계속 나한테 청소하라고 뭐라고 했다. 평소에도 이런저런 일로 간섭하는 ㅁㅁ이 싫었는데 정말 ㅁㅁ은 재수가 없다. 그런데 내가 ㅁㅁ 처지면 어땠을까? 나는 계속 청소를 하는데 ㅁㅁ은 자기가 맡은 구역은 대충 하고 빈둥빈둥 돌아다니는 모습을 본다면 아마 나도 한마디 했을 것이다. 쩝~. 처지를 바꿔서 생각해보니 내가 한 행동이 정말 씁쓸하다. 내가 오히려 더 재수 없는 애가 된 듯하다.

"솔직히 전 제가 잘했고, 걔가 완전히 나쁘다고 확신했는데, 처지를 바꿔서 쓰니 완전히 아니잖아요. 에이, 정말. 괜히 썼어요."

글치는 완전히 벌레를 먹은 얼굴이었다.

"그게 바로 다른 사람과 뒤바꿔서 나 자신을 보는 능력이야. 뒤바꿔서 생각하는 능력은 살아가는 데도 필요하고, 문장력을 기르는 데도 꼭 필요하지."

청소년들이 친구들과 다툴 때의 모습을 보면 대다수가 자신은 절대적으로 옳고, 남은 틀리다고 여긴다. 내가 상대방을 비난하는 이유는 충분하지만, 상대방이 그렇게 행동한 이유는 말도 되지 않는다고 생각한다. 내가 맞고 상대방이 틀리다는 생각은 다툼을 격렬하게 만드는 원인이 된다. '나와 다른 사람이 뒤바뀐다면'이란 상상은 자기 선택이 무조건 옳다는 생각에서 벗어나게 해준다. **처지를 바꿔서 생각할 줄 아는 능력은 내 삶을 바라보는 힘을 키워준다.** 당연하지만 내 삶을 바라보는 힘이 커지면 문장력도 크게 향상된다.

내가 동식물이 된다면

"이번엔 네가 나비나 코끼리, 고양이 같은 동물이나 가로수, 화초, 꽃과 같은 식물이 되었다고 생각하고 일기를 써봐."

"예? 왜 그런 걸? 제가 무슨 초등학생도 아니고."

하루 10분 글쓰기 25_ 내가 동식물이 되었다고 상상을 해서 쓰기

우린 항상 내 눈으로 세상을 본다. 내 귀로 소리를 듣고, 내 혀로 맛을 느낀다. 내 피부로 촉감을 느끼며 내 코로 냄새를 맡는다. 그래서 내가 보는 세상, 내가 듣는 소리, 내가 느낀 촉감이나 냄새, 맛이 무조건 맞다고 생각한다. 그게 절대적이라고 여긴다.

내 감각이 중심이다 보니 다른 존재가 되어 느끼지 못한다. 낯선 시선으로 내 문장을 보기 위해서는 나 중심에서 벗어날 줄 알아야 한다. 나 중심에서 벗어나려면 다른 존재가 느끼는 감각을 상상하는 능력을 길러야 한다. 그게 감정 이입 능력이고, 공감 능력이다.

아직 새벽인데 으스스 추워서 일어나서 깃털을 흔들어 보니 이슬이 주위로 흩날리는 것이 보였다. 이곳저곳 몸이 쑤시고 힘들어서 부리로 몸 구석구석을 마사지하고 다듬어주다보니 몸이 시원해지는 느낌이 드는 것이었다. 날개를 좌우로 펴고 목을 살짝 흔든 뒤에 하품을 한 번 하고 폴짝폴짝 우리 바깥에 뛰어오른 뒤에 날개짓을 살짝 하면서 밖으로 뛰었더니 내 몸이 하늘을 나는 것이었다. 야! 내가 날다니! 이제 맛난 벌레를 잡아 먹어야지. 결심하고 주위를 두리번거리는데……

"유치할 줄 알았는데 생각보다 재미있네요."

"동식물에 감정을 이입하는 능력은 어린이만의 특권이지. 어린이 마음으로 돌아가 보는 상상은 늘 즐거워."

내가 무생물이 된다면

전혀 움직이지 못하는 나무 인형이 살아 움직인다는 상상으로 탄생한 책이 『피노키오』다. 『호두까기 인형』도 마찬가지 상상으로 탄생했다. 『에드워드

툴레인의 신기한 여행』이나 『요술연필 페니』도 생명이 없는 존재에게 생명력을 불어넣은 상상을 통해 탄생한 책이다.

하루 10분 글쓰기 26_ 돌이나 인형처럼 내가 무생물이 되는 상상을 해서 쓰기

"같은 이유겠죠. 동식물이 되어 쓰기나 무생물이 되어 쓰기나."

"맞아. 전혀 다른 존재의 시선으로 세상을 보는 능력은 정말 중요해. 세상을 달리 보게 되지. 다르게 보면, 다르게 살게 돼."

아이가 들어오더니 내 꼬리—사람들이 전기 코드라고 부른다—를 꽂는다. 꼬리 끝에서 짜릿한 느낌이 들면서 전기가 몸으로 흘러 들어온다. 아이가 내 몸에 붙은 버튼을 누른다. 전기가 몸 전체를 타고 흐르면서 내 온몸에 퍼진다. 전기는 내 얼굴 쪽으로 흐르더니 얼굴에 붙은 발열기를 통해 열을 낸다. 난 둥그런 판으로 열을 모아서 아이를 향해 쏘아 보낸다. 약간 붉은 색깔과 함께 따스한 열이 나가자 아이는 손을 내게 내밀며 두 손을 비빈다. "아, 따뜻해." 내 얼굴 앞에서 만족한 웃음을 짓는 아이를 보니 너무 행복하다.

"전기 히터가 주인공이구나."

"네, 추울 때 급하게 몸을 따뜻하게 하는 데는 전기 히터만 한 게 없죠."

"참 따뜻한 글이다."

글에서 따스한 기운이 퍼져 내 마음도 따스했다.

"어릴 때는 이런 상상을 참 많이 했는데, 어느 순간부터 멀어졌는지 모르겠어요."

"공부 때문이기도 하고, 나이 때문이기도 하지. 나이가 들어서도 이런 상상력을 계속 유지하며 살면 참 행복할 거야. 물론 조금 유치하긴 하지만."

"유치해도 재미있고 소중한 능력이죠."

감정을 넣어 책 읽기

난 독서로 화제를 돌렸다.

"다른 사람이 되는 능력을 기르려면 독서가 꼭 필요해."

"독서가 중요하단 건 알지만, 솔직히 너무 바빠요."

"바쁜 건 맞지만, 그것도 핑계야. 하루 20~30분 정도의 독서는 하려고만 하면 얼마든지 가능해."

"쩝! 그렇긴 해요."

"책을 많이 읽으면 문장력과 관련해서는 두 가지 효과가 생겨. 첫째, '내 생각이 이럴 때 이렇게 표현하면 되는 구나'하는 요령을 알게 돼."

"맞아요. 그래서 책 많이 읽은 애들은 대부분 글을 잘 써요."

"둘째, 책을 읽다보면 '남의 생각이 이렇구나!'하며 다른 사람을 이해하는 힘이 생겨. 다른 사람을 이해하면 다른 사람의 시선으로 나를 보는 힘이 생기지."

"그렇겠네요. 그런데 시우샘! 다른 사람을 이해하는 힘을 기르는 데 도움이 되는 특별한 독서법은 없을까요?"

"마음을 기울여 읽는 방법이 최고지. 온 마음을 집중해서 읽으면 저절로 독해가 잘 돼. 그리고 그 다음으로 추천하고 싶은 방법은 감정을 넣어서 읽기야."

"감정을 넣어서 읽기요?"

"소설을 읽을 때 소설 속 분위기나 상황에 맞게 감정을 넣는 거야. 마치 외국 영화를 더빙하는 성우가 된 것처럼. 생활글이나 수필을 읽을 때 같은 방법을 써도 돼."

"그러니까 싸울 때는 막 화난 목소리로, 긴장된 상황에서는 긴장감 넘치게, 재미난 상황에서는 웃긴 목소리로 읽으라는 거죠?"

"맞았어."

"그런데 감정 넣어서 읽기가 왜 도움이 되죠?"

"감정을 넣어서, 분위기에 맞게 읽으려면 내용도 이해하고, 상황도 이해해야만 해. 그리고 감정을 넣어서 읽으면 책 속 주인공의 느낌과 내 느낌이 아주 가까워져. 책을 읽으면서 다른 사람이 되는 경험을 하게 되지."

"아! 연극, 영화랑 같은 효과네요."

사람을 경험한다

사람을 이해하면 내 글을 보는 힘이 강해진다. 남의 시선으로 나를 보는 능력이 떨어지는 청소년은 남을 이해하는 능력도 떨어진다. 다른 사람을 이해하는 힘이 곧 나를 이해하는 힘이다. 청소년 시기에 다른 사람을 많이 경험해야 한다. 풍부한 경험과 관계 맺기를 해야 한다. 경험한 만큼, 관계를 깊이 맺은 만큼 사람을 이해하는 힘이 풍성해지고, 자기를 바라보는 힘이 강해지며, 문장력도 향상된다.

하루 10분 글쓰기 27_ 다른 사람을 관찰해서 쓰기

"다른 사람을 관찰해서 쓰라니…… 스토커가 되라는 건가요?"

"스토커까진 아니고, 한 사람을 가만히 관찰한 뒤에 관찰한 내용을 써 보라는 거야. 우린 사람을 판단할 때 너무 섣부른 경우가 많아. 신중하게 생각하고, 깊이 관찰하면 전혀 다른 면이 보이기도 해. 그래서 깊이 관찰해보란 얘기야. 관찰을 하다 보면 그 사람을 이해하는 힘이 달라짐을 느낄 거야."

내게 숙제를 받은 글치는 다음 날 동생을 관찰한 글을 써 왔다.

…… 동생은 웃음이 예쁘다. 내가 동생에 대해 이런 말을 하게 될 줄이야. 아무튼 어제 드라마를 보는 동생을 가만히 관찰했는데 평소에 나쁜 감정을 버리고 그냥 순전히 관찰만 해보니 웃는 모습이 제법 예뻤다. 집중해서 드라마를 보며 놀랄 때는 놀란 표정을, 긴장이 넘칠 때는 긴장된 표정을 짓는데 완전히 드라마에 빠져서 드라마만 보고 있는 것이 아닌가? 저 자세로 공부를 하면 전교 1등도 할 수 있지 않을까 싶기도 하였다. ……

"그렇게 싫어하던 동생 얘긴데, 이런 좋은 평가를 내리다니. 의외인 걸."

"말도 마세요. 저도 별로 마음에 안 드니까요. 뭐, 그래도 그 순간에는 그런 느낌이 들었으니까 뭐 어쩔 수 없죠. 사실은 사실이니까."

창의력의 비밀

뒤샹이란 예술가는 흔히 쓰는 남성용 변기에 '샘'이란 이름을 붙였다. 그걸 본 사람들은 이게 무슨 예술품이냐고 비난했지만, 뒤샹의 '샘' 작품은 예술의 본질이 무엇인지 보여준 아름다운 작품이다. 예술은 다른 사람과 다르게 보기, 낯설게 보기다. 창의성이란 새로움을 만들어 내는 능력이 아니라 다른 사람과 다르게 접근하는 자세요, 시선이다.

하루 10분 글쓰기 28_ 익숙한 사물에 낯선 이름을 붙이고 이유를 설명하기

"익숙한 물건에 낯선 이름 붙이기라……. 기대되네요. 전, 이 연필에 헤르메스란 이름을 붙일래요."

"헤르메스? 왜?"

"헤르메스는 그리스로마 신화에서 전령의 신이잖아요. 신들의 이야기를 전하는 신!"

"그래서?"

"그러니까, 연필은 내 생각을 다른 사람에게 전한단 말이에요. 그러니 연필이 하는 역할이 헤르메스와 똑같으니까, 연필이 바로 헤르메스인 셈이죠."

연필 : 헤르메스

이유 : 헤르메스는 그리스로마 신화에서 신들의 이야기를 전하는 전령이다.

제우스의 이야기를 지옥의 신 하데스에게 전할 수 있는 유일한 신이기도 하다. 연필로 내가 쓴 글은 다른 사람에게 내 뜻을 전해주는 역할을 하니 연필도 헤르메스랑 똑같은 역할을 하는 것이므로 나는 연필을 헤르메스라는 이름으로 부르겠다.

"오! 멋진 걸! 정말 창의력 넘치는 얘기야."

"그죠? 제가 좀 멋져요. 히히."

03 거짓은 도려내고 진실은 명확하게

"이제부터 자신이 쓴 글을 고치는 방법을 익힐 거야."

글치는 내 말을 듣고 길게 한숨을 내쉬었다.

"휴~. 제가 제일 싫어하는 과정이 왔군요."

"왜 싫은데?"

"당연하죠. 이거 고쳐라, 저거 고쳐라 하실 거잖아요. 이건 띄어쓰기가 틀렸네, 문법이 어떻게 안 맞네, 이런 표현보다는 이런 표현이 더 좋네, 이런 글을 쓰면 안 되네 하는 얘기 하실 거잖아요."

난 어이가 없어서 웃었다.

"네가 왜 그런 걱정을 하는지는 알겠어. 그리고 지금까지 '표현의 자유'를 누누이 강조한 나를 그렇게 여기다니 조금 서운한 걸."

내 말을 들은 글치는 많이 당황했다.

"아니, 그게 아니라. 워낙 글 쓰고 나면 선생님들이나 엄마가 이렇게 고쳐라, 저렇게 고쳐라 소리를 많이 해서 그렇죠. 그런 지적을 받고 나면 정말 글쓰기 완전히 싫어지거든요."

"흐흠, 그 마음은 나도 이해해. 그리고 나는 글을 고칠 때 어떤 식으로 고치라고 일방적으로 지시하지 않아. 난 '남의 시선으로 내 글을 보는 힘'을 활용하는 요령을 알려 줄 거야. 네가 '낯선 시선으로 자신의 글을 보는 힘'이 크다면 그에 맞게 글을 고치겠지만, 힘이 약하면 딱 그 수준에서만 고치겠지. 고치는 수준은 온전히 자신이 지닌 힘에 달렸어. 그런데 내가 왜 이렇게 고쳐라, 저렇게 고쳐라 하겠어. 자기 글은 온전히 자기가 책임지고 써야 해."

내 말을 들은 글치는 동그란 눈으로 나를 빤히 쳐다봤다.

"왜 날 그렇게 쳐다보니?"

"시우샘은 진짜 이상해요."

"아니, 내가 뭐가 이상해?"

"다른 선생님들이랑 너무 달라서요. 글 쓰는 자유, 스스로 고치는 힘을 중요하게 여기는 시우샘의 생각이 원래 맞는 건데, 워낙 그렇지 않은 환경에 젖어 살다보니 시우샘이 이상해 보이는 거예요."

"이상하기만 하니?"

"네?"

"존경하지는 않고?"

"아! 네, 존경하죠."

"하하하. 엎드려 절 받기지만 즐겁네. 하하하."

적당한 아부는 사람을 유쾌하게 한다.

소리 내어 읽는다

"가장 쉬우면서도 기본이 되는 요령은 바로 낭독이야."

"낭독이라면 소리 내어 읽기를 말하는 거네요. 그런데 왜 소리내어 읽어야 하는데요?"

"낯선 시선으로 글을 보기 위해서지."

"잘 이해가 안 가요."

"보통 글을 쓰고 나면 대충 눈으로 읽고 끝내 버려. 눈으로 읽을 때는 문장에서 어색한 부분이 잘 보이지 않아. 반면에 소리 내어 읽다 보면 자기 입에 붙은 말과 다른 문장은 어색함이 확 느껴져. 자기 입말과 다른 낯선 문장은 거슬리게 느껴. 그런 문장은 고쳐야 하는 거야."

보통 청소년들은 활자로 된 글보다 입말에 훨씬 익숙하다. 눈으로 글을 읽으면 잘못을 발견하지 못하지만 소리 내어 읽으면 입말에 어색한 부분이 걸려든다. 평소에 쓰던 말과 다르게 어색함이 느껴지기 때문이다. 낭독은 내 글을 낯설게 만드는 효과를 발휘한다.

도덕과 교훈으로 포장한 거짓말

"이게 네가 쓴 글이야. 한 번 읽어 봐."

나는 부끄러워졌다. 왜냐하면 나보다 작다고 얕보았던 동생인데 벌써 키가 나와 비슷해졌으니 말이다. 나는 솔직히 다른 사람들을 얕보았던 적이 몇 번 있다. 그런데 요즘은 동생이 내 키에 가까워지고 있다는 것을 느끼게 되었다. 어떤 사람은 큰 걸 생각하고 어떤 사람은 작은 걸 차근차근 생각해 나갈 수 있는데 난 그 작은 사람들을 얕보았던 것 같아서 부끄러워졌다. 나는 이제부터 작은 사람들을 얕보지 말아야겠다. 그리고 나도 큰 것만 생각하지 않고 작은 것부터 차근차근 배워 나가서 기초부터 다져 나가야 되겠다. 그리고 다른 사람들을 존중해주어야겠다.

"소리 내어 읽으니까 틀린 문장이 보이네요. '왜냐하면' 뒤에 '때문이다' 안 붙였고, 또 '다른 사람들은'이 아니라 '다른 사람들을'이네요. 읽으니까 알겠어요. 다른 건 괜찮네요."

"소리 내어 읽으면서 잘못 쓴 문장을 고치다니 대견하네. 나머진 좋단 말이지? 그럼 네가 쓴 이 글도 한 번 보렴."

요즘 사람들은 많은 것들을 배우기 위해서 아주 많은 학원에 다닌다. 영어 학원, 수학 학원, 논술 학원 등등. 덕분에 아이들은 하루의 절반 이상을 학원에서 수업하는 걸로 시간이 간다. 물론 이걸 재미있어 하는 아이들도 있지만 부모님들 성화에 못 이겨 학원에 가방만 들고 왔다 갔다 하는 친구들도 있다. 그래서 나랑 똑같이 생긴 다른 사람이 나를 대신해 공부해주었으면 하고 바라는 사람들이 있을 수도 있다. 그렇지만 그게 도움이 될까? 우리는 지금 공부하고 수업을 들으며 우리 방식대로 우리의 커다란 꿈을 키워갈 수 있는 권리가 있다. 아무리 힘들어도 내 의지가 중요하다. 힘든 시간이지만 이걸 이겨내면 더 좋은 기회가 찾아온다는 생각으로 힘겨움을 이겨내는 노력이 필요하다고 생각한다.

"약간 어색한 문장이 보이는데 어떻게 고쳐할지는 모르겠어요."

"내용은 괜찮아?"

"음, 네. 괜찮아요."

"좋아. 지금부터 '낯선 시선'으로 내 글을 한번 읽어 봐. 앞에서 연습했듯이 다른 사람이 되었다고 생각하고 읽는 거야."

글치는 심호흡을 몇 번 하더니 다시 글을 읽었다. 두세 번 반복하여 읽었다.

"어때?"

"흠, 이상하게 들릴지 모르지만…… '글 쓴 사람이 이 말대로 할까?'하는 생각이 들었어요. 여기 쓴 글대로 지켰을까?"

"그게 바로 내가 하고 싶은 말이었어."

"흠. 그러고 보니 전 글 쓰는 순간에는 이렇게 결심했지만 글처럼 살지는 못했어요. 정말 힘들더라고요."

"맞아. 바로 그거야. 이건 진짜가 아니야. 조금 심하게 말하면 도덕과 교훈으로 포장한 거짓말이야."

글치는 완전히 황당해했다.

"도덕과 교훈으로 포장한 거짓말이라고요?"

"그래 거짓말!"

"그땐 진심이었어요."

글치는 내게 따지고 들었다.

"너 자신도 속인 거야. 사람은 자신을 가장 많이 속이고, 가장 쉽게 속여."

"아니었는데……."

글치는 억울해 하면서도 뭐라 따지지는 못하고 답답해 했다.

"거짓이란 말이 쉽게 다가오지 않을지도 몰라. 그러나 인정해야 해. 내가 예를 들어 볼게. 예수님이 말씀하셨어. '이웃을 내 몸과 같이 사랑하라!' 사람들은 감동하고 그렇게 살겠다고 결심하지. 글치 네가 글을 썼어. '난 내 이웃을 나 몸과 같이 사랑하겠다고 결심했다.' 결심은 사실이야. 그러나 난 네가 그 결심을 지키며 살 거라고 믿지 않아. 넌 결심하긴 했지만 네 수준에는 전혀 맞지 않아. 네가 아는 너는 아주 이기적이진 않지만 '이웃을 내 몸과 같이 사랑할 수준'은 전혀 아니야."

글치는 내 말을 이해하기 위해 애썼다.

"내가 거짓말이라고 한 건 내가 한 결심이 완전히 거짓이란 게 아니라, 네 수준과 상황에 전혀 맞지 않는 말이라는 뜻이야. 자신을 속인 거지. 자신을 속였기에 거짓말이라고 한 거야."

"조금 이해는 되지만 그래도……."

"그럼 예를 하나만 더 들게. 부처님이 말씀하셨어. '나와 남은 둘이 아니라 하나다.' 많은 사람들이 멋진 말이라며 그 의미를 생각해. 글치 네가 똑같은 글을 썼어. '나와 남은 둘이 아니라 하나입니다.' 난 그 글을 읽고 이런 생각을 해. '허! 어디서 멋진 말 베꼈군!' 바로 이 차이야. 무슨 말인지 알겠니?"

"완전히는 아니지만 대충 알겠어요."

"똑같은 글이라도 누가 썼느냐에 따라서 완전히 달라져. 왜? 그건 글의 내용이 문제가 아니고, 글 쓴 사람이 유명한지 여부와도 상관없어. 그건 글을 쓴 사람의 삶이 다르기 때문이야. 예수님과 부처님의 말씀은 그 분들의 삶의 수준, 깨달음의 수준을 그대로 드러내. 그러나 네가 쓴 글은 너의 삶이나 너의 깨달음 수준과 비교했을 때 지나치게 높은 말이야. 진짜 자기 말이 아니야. 어디서 주워들은 말, 그냥 도덕이나 교훈에 맞는 말을 늘어 놓았을 뿐이야. 자기 자신에게 정직하다면 그런 글은 안 써. 그래서 거짓이라고 한 거야."

"인정해요. 이제 이해가 가요."

진실한 문장이 아름답다

글은 정직해야 한다. 솔직해야 한다. 글을 쓰다 보면 무언가 포장하고 싶은 욕심이 들기 마련이다. 멋진 말을 쓰고 싶은 생각이 든다. 인간인 이상 당연하다. 인지상정이다. 그리고 그건 거짓이다. 정직하지 못한 글은 남에게 감동을 주지 못한다. 글을 쓴 나와 글을 읽는 사람의 싱크로율을 떨어뜨린다. 무엇보다 내 자신을 속이는 행위처럼 나쁜 짓은 없다.

글쓰기는 자기 고백이다. 글쓰기는 솔직한 내면을 드러내는 행위다. 솔직해라. 솔직한 글이 좋은 글이다. 삶이 묻어나는 글이 솔직한 글이다. 솔직한 글은 남에게 감동과 공감을 안겨줄 뿐만 아니라 자기 자신에게도 도움이 된다. 자기 상처와 아픔을 치료하고, 자기 한계를 되돌아보게 하며, 자기 삶을 풍족하게 한다. 고백은 하기 전엔 두렵지만, 하고 나면 자신을 성장하게 한다. 숨겨 놓을 때보다 훨씬 편안한 느낌이 든다.

이오덕 선생님은 '글짓기'라는 말 대신 '글쓰기'란 말을 써야 한다고 하셨다. 글짓기는 꾸며낸다는 의미가 강하고, 글쓰기는 있는 그대로 자신을 드러낸다는 의미가 강하다. 글짓기는 겉만 화려한 향락의 잔치일 뿐이다. 내면은 전혀 살찌지 않고, 도리어 삐쩍 말라 간다. 겉만 화려한 말의 잔치에서 벗어나라. 그게 진짜 글이다.

솔직해야 좋은 문장이다. 군더더기 없이 자신을 있는 그대로 드러내야 참 문장이다.

"자기 삶이나 수준에 맞지 않는 도덕과 교훈을 늘어놓는 글은 누군가의 눈치를 보며 썼다는 증거야."

"부정하고 싶지만 인정해요. 엄마나 선생님들이 읽는다고 생각하니 늘 뭔가 좋은 말을 써야 한다는 강박관념이 있어요. 솔직히 학원 많이 다니는 게 힘들다고, 제발 자유롭게 생활할 시간을 달라고 하고 싶어요. 그렇지만 눈치가 보이죠. 그러면 안 될 것 같은 분위기도 강하고."

"안타까운 현실이지."

"작은 사람을 얕보지 말고, 남을 존중하겠다는 말도 맞는 말이긴 하지만, 제가 얼마만큼 그렇게 살 수 있을지는 모르겠어요."

"솔직하네."

글ㅊ 얼굴이 어두워졌다. 잠시 뒤 입술을 지그시 깨물었다.

"시우샘 말이 뭔지 알겠어요. 전 정직하게 쓰지 않았어요. 꾸며 썼죠. 글쓰기가 아니라 글짓기를 했어요. 첫 번째 '남을 존중하겠다'는 글은 내가 남을 깔보는 마음이 있다는 걸 솔직하게 고백하는 식으로 고치고 싶어요. 두 번째 '힘겨움을 이겨내고 공부하겠다'는 글은 힘든 공부의 괴로움을 솔직하게 고백하는 식으로 쓰고 싶어요."

난 엄지손가락을 치켜세웠다.

"바로 그거야. 솔직한 글! 정직한 글! 자기 자신을 속이지 않는 글은 그 어떤 화려한 문장보다 뛰어나. 진실은 거짓보다 아름다워."

나보다 작다고 얕보았던 동생이 어느 날부터 키가 막 크더니 벌써 키가 나와 비슷해졌다. 내가 얕봤던 동생이 키가 컸다고 나에게 대드니 난 솔직히 화가 났다. 몇 번 싸우기도 했다. 그러다 나는 내가 그 동안 나보다 못한 사람, 나보다 키 작은 사람들을 유난히 얕잡아 봤다는 걸 깨달았다. 우리 반에서 제일 키 작은 친구를 별 생각 없이 놀리기도 한 것 같다. 동생도 힘이 없다는 이유로 툭하면 괴롭히기도 했던 것 같다. 내가 스트레스 받는 날 괜히 동생을 괴롭힌 적도 많다. 그런 생각이 들자 솔직히 많이 부끄러워졌다. 내가 다른 사람을 존중하지 못하니 내가 동생에게 무시당할 때 솔직히 할 말이 없다는 생각도 들었다. 이럴 때 인과응보란 말을 쓰는 건가? 그래도 동생이 조금 컸다고 까부는 건 재수 없다.

"아까 글보다 훨씬 재미있네."
"제가 봐도 그래요. 다음 글도 다시 쓸게요."

난 많은 것들을 배우기 위해서 아주 많은 학원에 다닌다. 영어 학원, 수학 학원, 논술 학원, 과학 학원. 덕분에 난 하루의 절반 이상을 학원에서 수업하는 걸로 시간이 가는 것 같다. 물론 이걸 재미있어 하는 아이들도 있지만 솔직히 난 엄마의 성화에 못 이겨서 다닌다. 어떤 때는 나랑 똑같이 생긴 다른 사람이 나를 대신해 공부해주었으면 하고 바라기도 했지만 꿈같은 생각이다. 엄마는 늘 미래를 위해 어려움을 참으라고 한다. 나도 그 말이 맞다는 건 알지만 난 정말 힘들다. 지나치게 공부를 많이 하다 보니 꼭 해야 하는 공부가 싫어질 때도 많은 것 같다. 이따위 공부 확 그만둘까 하는 생각을 해보기도 하지만 그러면 안 될 것 같기도 하고 해서 고민이 많이 되기도 하기도 한다. 공부, 꼭 해야 하지만 내가 감당할 만큼, 내가 즐기면서 할 만큼 하면 안 될까? 엄마도 원망스럽고, 선생님도 원망스럽고, 대한민국 교육 제도도 다 원망스럽다. 난 오늘도 무거운 가방을 들고 학교로, 학원으로 다닌다. 이 힘겨움을 벗어나지 못하는 현실을 원망하면서.

"힘들구나. 네 힘겨움이 네가 쓴 글을 통해 내 가슴에 진하게 와 닿는다. 정말 힘들겠다."

글치가 느끼는 답답함이 내 가슴에 그대로 전해져 왔다. 글치의 마음과 내 마음의 싱크로율이 90%를 넘어선 듯했다. 글이란 진실을 전하기 위한 수단이다. 거짓을 포장하기 위한 글은 총칼보다 무서운 흉기일 뿐이다. 진실을 담은 문장보다 아름다운 문장은 없다.

'~같다'로 도망갈 구멍 만들기

"진실을 담은 문장보다 아름다운 문장은 없다! 제 고정관념을 깨는 말이에요. 예전에 전 문장력은 정말 화려하고 멋있게 쓰는 능력이라고 믿었거든요."

글치는 공책에 내가 한 말을 옮겨 적었다.

진실을 담은 문장보다 아름다운 문장은 없다

"정직이 아름답지. 문장도 마찬가지야. 그리고 지금까지는 내용 면에서 정직을 살폈다면 이제 문장을 세밀하게 보면서 부정직한 문장이 무엇인지 살펴보자. 네가 쓴 글에서 내가 뽑아낸 문장을 한번 볼래?"

① 키 작은 사람들을 얕보았던 것 같아서 부끄러워졌다.

② 우리 반에서 제일 키 작은 친구를 별 생각 없이 놀리기도 한 것 같다.

③ 동생도 힘이 없다는 이유로 툭하면 괴롭히기도 했던 것 같다.

④ 영어 학원, 수학 학원, 논술 학원, 과학 학원 덕분에 난 하루의 절반 이상을 학원에서 수업하는 걸로 시간이 가는 것 같다.

"아래 문장은 예전에 나와 함께 하면서 썼던 글에서 뽑아낸 문장이야. 역시 살펴 봐."

⑤ 친구는 신경도 안 쓰고 모른 척하며 새치기를 했다. 난 옳지 못한 일인 것 같았다.

⑥ 우리 학교가 좀 작아지고 건물은 달랐는데, 학생은 그대로였던 것 같다.

⑦ 바닷가에서 노는 사람들을 놀라게 해주는 것도 재미있을 것 같다.

⑧ 난 불가능한 것 같다.

"흠. '같다'는 말이 전부 있는 것 같네요."

"후후, 있는 것 같니? 있니?"

난 다그치듯 물었다.

"있어요."

글치는 얼른 대답했다.

"하나만 더 물어볼게. '있는 것 같다'와 '있다'의 차이는 뭐지?"

"음, 그러니까 '있는 것 같다'는 짐작이고, '있다'는 확신이죠."

"맞아. 그리고 '있는 것 같다'는 도망갈 구멍이 있는 것 같은 표현인 것 같고, '있다'는 도망갈 구멍이 없는 것 같은 표현인 것 같지?"

글치는 잠시 인상을 찌푸렸다.

"아! 알겠어요. '있는 것 같다'는 비겁하고 부정직한 말이에요."

"그렇게 생각한 까닭은?"

"명확하게 표현하면 자기 책임이 분명하잖아요. 그렇지만 '~같다'라고 하면 짐작한 거니까 누가 뭐라고 책임 추궁을 할 때 은근 슬쩍 피할 수 있잖아요."

물론 '같다'는 표현을 써야 할 때도 있다. 자신이 확신하지 못하는 상황에서는 '같다'는 표현을 써도 괜찮다. 그러나 책임을 져야 할 생각이나 상황에서 '~같다'는 도망치는 말이다. 자신을 숨기는 말이다. 상황이 나빠지면 도망치기 위한 변명을 만들기 위한 수단이다.

"이제 '같다'라는 말을 전부 없애 보렴."

① 그 작은 사람들을 얕보아서 부끄러워졌다.

② 우리 반에서 제일 키 작은 친구를 별 생각 없이 놀리기도 했다.

③ 동생도 힘이 없다는 이유로 툭하면 괴롭히기도 했다.

④ 영어 학원, 수학 학원, 논술 학원, 과학 학원. 덕분에 난 하루의 절반 이상을 학원에서 수업하는 걸로 시간이 간다.

⑤ 친구는 신경도 안 쓰고 모른 척하며 새치기를 했다. 난 옳지 못한 일이라 생각했다.

⑥ 우리 학교가 좀 작아지고 건물은 달랐는데 학생은 그대로였다.

⑦ 바닷가에서 노는 사람들을 놀라게 해주는 것도 재미있을 것이다.

⑧ 난 불가능하다고 생각한다.

"앞에 썼던 문장이랑 비교해봐. 어때?"

"느낌이 다르네요."

"다른 것 같지 않고?"

"에이 참, 다른 것 같은 게 아니라 확실히 달라요."

책임 회피를 위한 뒤끝 늘이기

"이 문장을 한 번 읽어봐."

"이게 뭐예요?"

"내가 신문에서 뽑아 온 문장이야."

① 지금 와서 생각해보니 전화를 한 것 같다는 짐작이 듭니다.

② 정확히 기억나지는 않지만 그 내용일지도 모른다는 생각이 들기도 합니다.

③ 그 신문 기사는 제 본뜻을 왜곡하여 전달한 것으로 사료된다고 여겨집니다.

문장을 다 읽은 글치는 고개를 설레설레 흔들며 말했다.

"도대체 뭔 말 하는 거예요?"

"그치? 너도 모르겠지? 이게 정치인들이나 고위 정부 관료들이 잘못을 한 뒤에 발뺌하기 위해 쓰는 문장이야."

"휴, 진짜 심하네요. 맞으면 맞다, 아니면 아니다라고 정직하게 말하면 되지. 이건 그런 것 같기도 하고 아닌 것 같기도 하다는 식이잖아요. 진짜 비겁한 문장이네요."

"비겁한 문장! 핵심을 정확히 지적했어. 그럼 정직한 문장으로 네가 한번 바꿔봐."

① 지금 와서 생각해보니 전화를 했습니다.

② 정확히 기억나지는 않지만, 그 내용이 맞습니다.

③ 그 신문 기사는 제 본뜻을 왜곡하여 전달했습니다.

"잘 바꿨는데, 조금 아쉽네. 내가 바꿔볼게."

① 제가 전화를 했습니다.

② 그 내용이 맞습니다.

③ 그 신문 기사는 제 본뜻을 왜곡했습니다.

"아! 진짜 단순 명쾌하네요. 뜻이 분명하고, 마음이 그대로 드러나요. 이게 정직한 문장이군요. 느낌이 정말 달라요."

"뒤끝을 질질 끄는 문장은 정치인들만 쓰지 않아. 네가 쓴 글에서도 제법 많아."

④ 나랑 똑같이 생긴 다른 사람이 나를 대신해 공부해줄 사람이 있으면 하고 바라는 사람들이 있을 수도 있다.

⑤ 이따위 공부 확 그만둘까 하는 생각을 해보기도 하지만, 그러면 안 될 것 같기도 하고 해서 고민이 많이 되기도 한다.

⑥ 내가 이런 말을 하면 내가 끈기가 없다고 생각할지도 모른다고 여기는 사람이 있을 수도 있다고 본다.

⑦ 선생님 오신다는 소리가 들리지 않았다면 아마 더 심한 욕이 오고갔을지도 모를 것 같다.

⑧ 저 자세로 공부를 하면 전교 1등도 할 수 있지 않을까 싶기도 하였다.

"이런! 저도 예외가 아니었군요. 고칠게요."

글치는 머리를 싸매고 한참을 씨름하더니 문장 뒤끝을 단순하고 짧게 바꿨다.

④ 나랑 똑같이 생긴 다른 사람이 나를 대신해 공부해주기를 바라기도 한다.

⑤ 이따위 공부 확 그만둘까 하는 생각도 했지만, 그러면 안 되기에 고민스럽다.

⑥ 내가 이런 말을 하면 끈기가 없다고 생각하는 사람도 있을 것이다.

⑦ 선생님 오신다는 소리가 들리지 않았다면 아마 더 심한 욕이 오고갔을 것이다.

⑧ 저 자세로 공부를 하면 전교 1등도 할 수 있다고 여겨졌다.

"흠! 고쳐 놓고 나니 훨씬 좋네요."

"좋다고 여겨지는 듯한 느낌이 든다고 생각하시는 것 같지는 않고?"

"히히, 놀리지 마세요. 정말 훨씬 좋아요."

피동형 문장으로 내 책임 없애기

"네가 조금 전에 고친 마지막 문장 볼래."

저 자세로 공부를 하면 전교 1등도 할 수 있다고 여겨졌다.

"이 문장이 어때서요?"

"정직한 표현이야?"

글치는 여러 번 문장을 되풀이 읽었다.

"네. 정직한 문장이에요."

"여겨진 거야? 여긴 거야?"

"네? 무슨 말이죠?"

"생각되어진거야? 생각한 거야?"

"아!"

글치는 황급히 문장을 다시 고쳤다.

저 자세로 공부를 하면 전교 1등도 할 수 있다고 여겼다.

고쳐 놓고 글치는 갸웃거렸다. 그러고는 다시 고쳤다.

저 자세로 공부를 하면 전교 1등도 할 수 있을 것이다.

글치는 또 뭐가 마음에 안 드는지 다시 고쳤다.

저 자세로 공부하면 전교 1등도 가능할 것이다.

마지막으로 고친 뒤에야 글치는 만족스런 표정을 지었다. 글치처럼 한 문장을 마음에 들게 표현하기 위해 씨름하는 과정을 거쳐야 한다. '퇴고(推敲)' 얘기에서 '가도'가 '민다'와 '두드린다'를 놓고 고민하듯이 해야 한다. 문장력은 노력의 결과물이다. 노력 없이 얻어지는 결실은 없다.

"이건 네가 쓴 문장이야."

① 나는 부끄러워졌다.

② 요즘은 동생이 내 키에 가까워지고 있다는 것을 느끼게 되었다.

③ 키가 나와 비슷해졌다.

④ 그런 생각이 들자 솔직히 많이 부끄러워졌다.

⑤ 난 배가 고파져서 허겁지겁 라면을 먹게 되었다.

.⑥ 난 툭하면 친구들과 어울려 놀게 되었다.

⑦ 계속 같은 일을 하니 지루해졌다.

글치는 내가 쓴 문장을 보더니 혀를 내둘렀다.

"어휴 제가 '~진다'는 표현을 참 많이 쓰는군요. '~진다'는 전부 제 책임이 없는 거잖아요. 어쩔 수 없이 그리 된 거니까. 다 상황에 핑계를 대고 있는 문장이네요. 음, '되다'도 비슷하네요. '되다'도 마찬가지로 내 책임이 아니라 상황에 핑계를 대는 표현이네요."

"잘 아네. '진다', '되다'를 피동형이라고 하지. 피동은 내 의지와 상관없어.

내 책임이 없지. 물론 그런 표현을 꼭 써야 할 때도 있어. 문제는 그렇지 않은 데도, 분명 자기 책임인데도 '피동형'을 써서 은근슬쩍 자기 책임을 벗어나려는 경우가 많다는 거야."

"동의해요. 책임을 회피하려는 습관이 배어 있어서 저도 모르게 문장에 나타났네요."

① 나는 부끄러웠다.

② 요즘은 동생이 내 키만큼 큰 것을 알았다.

③ 키가 나와 비슷했다.

④ 그런 생각이 들자 솔직히 많이 부끄러웠다.

⑤ 난 배가 고파서 허겁지겁 라면을 먹었다.

⑥ 난 툭하면 친구들과 어울려 놀았다.

⑦ 계속 같은 일을 하니 지루했다.

"피동형을 사용한 문장과 비교해보면서 읽어봐. 어때?"

"완전히 달라요. 진짜 이렇게 다르다니 놀랍네요."

"피동과 능동은 노예와 주인의 차이야. 피동형 문장은 자신을 노예로 만들어버려. 반면에 능동형 문장은 자신이 문장의 주인이지. 그야말로 하늘과 땅 차이야."

문장의 주인은 자기 자신이다. 문장이 표현하는 뜻은 오로지 자기 책임이다. 비겁한 삶이 비겁한 글을 만든다. 글을 통해서라도 비겁을 벗어나 정직하게 자신을 드러내는 힘을 키워야 한다.

낯선 시선으로 내 글을 볼 때는 가장 먼저 '내 글이 정직하고, 책임이 분명한 글인가?'를 살펴야 한다. 솔직하지 못한 내용과 자기 책임을 피하려는 표현이 있다면 과감히 바꾸자. 정직과 책임이 넘치는 글은 쓰는 이와 읽는 이를 모두 행복하게 한다. 싱크로율 99%를 만든다.

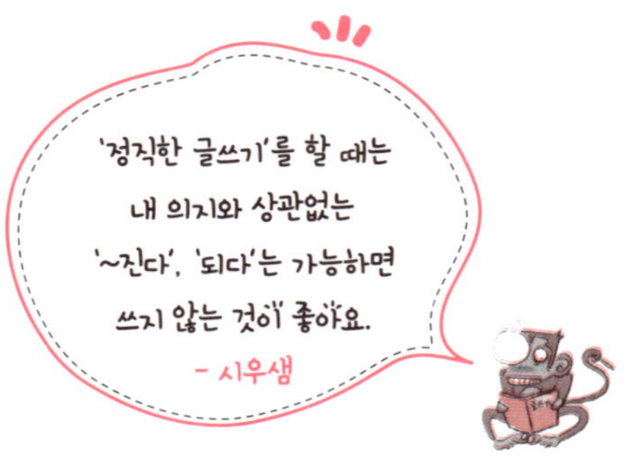

'정직한 글쓰기'를 할 때는
내 의지와 상관없는
'~진다', '되다'는 가능하면
쓰지 않는 것이 좋아요.
- 시우샘

공감을 높이기 위한 퇴고 04

"글을 제법 쓴다고 자부하는 고등학생이 있었어. 책도 많이 읽었고, 또래에 비해 생각도 깊은 편이라 잘난척 하기도 했지. 그 고등학생이 쓰는 글은 항상 비슷했어."

"어떤데요?"

"이거 한번 읽어봐."

…… 사건의 진상을 명확히 파악하기에 앞서 지나친 예단은 불필요하다. 불필요하고 성급한 결론의 끝은 지속적인 긴장과 갈등이다. 기다릴 줄 모른다면 어린 싹의 성장은 이루어지지 않는다. 예단하지 말고 스스로 성숙의 기회를 누리도록 해주기를 바란다. 교육이 해야 할 일이다.

"도대체 뭔 말이에요? 서너 번 읽었는데도 모르겠어요."

"그치? 진짜 모르겠지? 내가 그 아이한테 이런 식의 글을 쓰지 말라고 몇 번 말했는데도 여전히 이런 글을 쓰는 거야. 자기는 잘 쓴다고 생각하면서. 얼마 뒤 비슷한 또래들과 모인 자리에서 그 아이가 쓴 글을 보여주었어. 그랬더니 모두가 한결같은 반응이었어. 무슨 말인지 모르겠다고. 그 말을 듣고서야 충격을 받은 모양이야. 그러고서야 내 지적을 인정했어."

"기다리라는 말, 교육이 해야 될 일이다라는 말 외에는 모르겠으니, 싱크로율이 한자릿수에요. 진짜 꽝인 글이에요."

앞서 소개한 글 정도는 아니더라도 많은 청소년들이 글을 쓸 때 읽는 사람을 별로 생각하지 않는다. 자신은 자신이 쓴 글을 다 알기 때문에 제대로 쓰지 못해도 다 알아본다. 자신이 무슨 말을 하려는지, 문장 속에 감춰진 진짜 뜻이 무엇인지 안다. 그러다보니 남의 처지에서 내 글을 볼 줄 모르는 청소년들은 남을 고려하지 못하고, 자기 시각에만 빠져 글을 불친절하게 쓴다. 다른 사람이 알아듣도록 충분한 내용을 담지 않는다. 친절하지 못한 글, 충분한 내용이 담기지 않은 글을 읽으면 무슨 말인지 잘 모른다. 글을 읽어도 무언가 통하는 느낌은 없고, 답답함과 궁금증만 잔뜩 생긴다.

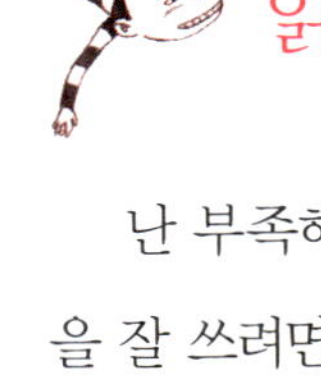

읽는 사람은 무엇이 궁금할까?

난 부족해도 다 독해를 한다. 그러나 남이 읽으면? 그건 모른다. 결국 글을 잘 쓰려면 내가 아니라 남이 이 글을 읽고 무슨 생각을 할까? 어떻게 이해할까를 생각할 줄 알아야 한다.

"이제 경험을 쓰라고 했더니 네가 쓴 글이야. 기억나?"

"네, 기억나요."

…… 선생님께 전화를 하고 난 뒤 축구를 하고 학원에서 공부를 했다. 친구들과 재미있는 얘기를 하다가 걸려서 혼이 난 뒤, 학원이 끝난 후 집에 갔다. ……

"글을 잘 봐. 이 글을 낯선 시선으로 보면 어떻겠어?"

"선생님께 왜 전화를 했는지, 전화해서 무슨 얘기했는지, 축구는 어떻게 했는지, 학원은 어떤 학원에서 무슨 공부를 했는지, 재미난 얘기는 뭔지 등등이 궁금했을 거예요."

"그런 궁금증이 생기지. 다음은 1초 단위로 세밀하게 쪼개서 쓰라고 해서 네가 고친 글이야."

논술 학원에서 이번 주에 읽어야 할 책이 뭔지 몰랐다. 선생님께 여쭤봐야겠다고 생각하고 전화를 꺼내서 패턴을 풀고 전화번호를 검색하고 전화를 걸었다. 약 7초 후에 선생님이 전화를 받으셔서 선생님 오늘 책 이름이 뭐예요라고 했더니 선생님이 내가 카톡으로 알려줄게 라고 해서 전화를 끊고 기다렸는데 카톡으로 책 이름이 와서 확인한 뒤에 서점으로 가서 물어보니 그런 책이 없다고 했다.

학원에서 재미있게 얘기를 했다. 요즘 한참 인기 많은 드라마 얘기였는데 선생님이 들어오는지도 모르고 신나게 떠들다가 선생님이 들어와서 막 야단을 쳤다. 너희들은 공부 시간이 됐는데도 준비도 안 하고 책상에 앉아서 그렇게 떠들면 되겠느냐면서 막 화를 냈다. 숙제 검사할 것이 많이 없는 것이 천만다행이었다. 왜냐하면 숙제 검사가 없었으면 야단을 더 길게 맞았을 텐데 숙제 검사 때문에 많이 야단을 맞지 않았다. ……

"완전히 달라졌죠. 이렇게 쓰니까 궁금증이 많이 해소가 됐어요. 읽는 사람 처지에서 훨씬 친절한 글이 됐죠. 음, 그런데 여전히 불친절한 부분이 보이네요."

"어떤 거?"

"학원 선생님이 말씀하신 책이 어떤 책인지, 그리고 축구 얘기도 없고, 집에 언제쯤 갔고, 갈 때 어떤 상태였는지 등이 궁금해요."

"그런 궁금증도 생기지. 그리고 그 모든 걸 다 써도 되지만, 글의 길이도 고려해야지."

글치는 뭔가 이해한 듯했다.

"궁금증을 먼저 떠올리고 제가 판단하기에 안 중요하면 쓰지 않고, 중요하면 쓰면 되네요. 상대편 궁금증을 채우면서도 제가 전하고 싶은 걸 선택해야죠. 그 균형을 잡아야겠네요."

읽는 사람도 나와 같이 느낄까?

"여기 네가 쓴 글 중에 '발을 동동 굴러야 했다'란 표현까지는 정말 재미있어. 장면이 상상이 가! 그리고 그 뒤에 '내 친구가 빨리 오다가 넘어졌는데 정말 웃겼다'는 부분을 읽는데 난 웃긴 느낌이 오지 않았어."

과학 선생님은 수업 시간이 시작하기 1분 전에 꼭 들어와 계신다. 시작종이 치기 전에 들어와서는 가만히 수업 준비를 하시는데, 수업 시간 종이 울리면 문을 잠가 버린다. 처음에 그 선생님이 그런다는 걸 몰랐던 학생들은 여러 번 문밖에서 들어오지 못하고 발을 동동 굴러야 했다. 한 번은 내 친구가 빨리 오다가 넘어졌는데 정말 웃겼다.

가만히 글을 읽던 글치도 내 말에 동의했다.

"그러네요. 저야 어떤 장면인지 머리에 다 떠오르지만 시우샘은 모르니까요. 저는 웃긴다고 했지만 시우샘에겐 저의 즐거움을 전하지 못했네요."

"얼마나 웃긴 상황인지 나도 느끼고 싶어. 나도 네 웃음에 공감하고 싶어."

"공감이라, 공감!"

글치는 공감이란 말을 몇 번 되뇌더니 몇 문장을 덧붙였다.

한 번은 내 친구가 조금 늦었다. 늦었다는 생각에 재빨리 복도에서 뛰었는데 때마침 종이 울렸다. 친구는 황급히 살짝 열린 문을 밀고 들어오려고 했는데, 선생님은 인정사정없이 문을 닫았다. 그 바람에 문을 밀고 들어오려던 친구는 문에 제대로 머리를 맞았다. 내 자리에서 뻑! 하는 소리가 들렸으니 장난 아니게 맞았을 것이다. 친구는 이마를 부여잡고 뒹굴었는데, 아플까봐 걱정이 되면서도 상황이 너무나 웃겨서 웃지 않을 수 없었다. 주변에 있던 애들도 정신없이 웃었다.

“쩝! 써 놓고 보니 그렇게 웃긴 상황은 아니네요. 불쌍한 상황이에요.”

다 써 놓고 글치는 투덜거렸다.

“네 글을 읽으니까 장면이 자세히 떠올라서 정말 웃긴다. 물론 불쌍하기도 하고.”

다른 사람이 내 감정과 똑같이 느낄 때를 ‘공감’이라 한다. 공감은 싱크로율이 매우 높은 상태다. 내 글을 읽은 이가 내 글을 읽고 나와 같은 감정이 일어나고 같은 생각을 하게 한다면 글은 성공이다. 글을 쓸 때는 내 글을 읽는 사람이 내 글에 진정으로 공감할지를 고민해야 한다. 퇴고는 공감을 높이기 위한 과정이다.

의견이 다른 사람을 설득할 만한가?

“이건 주장 글인데, 네가 다시 한번 보고 퇴고를 해봐.”

주제 : 좋아하는 것과 잘하는 것이 다르다면 무엇을 선택할까?

나는 좋아하는 것과 잘하는 것이 비슷하다. 하지만 만약 좋아하는 것과 잘하는 것이 다르다면 나는 좋아하는 것을 선택할 것 같다. 왜냐하면 좋아하는 것을 하면 잘하는 것만큼 할 수는 없겠지만 흥미가 있기 때문에 어렵거나 힘들거나 해도 재미있기 때문이다. 만약 잘하는 것을 선택한다고 하면 아무리 잘하는 거라도 흥미가 없기 때문에 별로 열정이 없어지기 때문이다. 하지만 좋아하는 것은 흥미가 있고 자신한테 재미있는 것이기 때문에 잘은 못하더라도 하면서 익숙해질 수 있는 거라고 생각한다. 따라서 나는 좋아하는 것과 잘하는 것이 다르다면 나는 좋아하는 것을 해야 한다고 생각한다.

"몇 학년이 쓴 글이에요?"

"중 1."

"음, 잘 썼는데요. 저도 같은 생각이에요."

"내가 보기에도 잘 썼어."

글치는 중 1이 썼다는 말에 감탄하는 표정이 역력했다.

"잘 쓰긴 잘 썼어. 그리고 다른 의견을 가진 사람이 보면 어떨지 한번 생각해봐."

"다른 의견인 사람, 그러니까 '잘하는 것'을 선택해야 한다고 생각하는 사람이 이 글을 읽는다면 어떨까 생각해보라는 거죠?"

"그렇지. 주장 글은 설득을 위한 글이야. 같은 생각인 사람은 솔직히 굳이 설득할 필요가 없지. 나와 생각이 다른 사람을 설득하기 위한 글로 충분한지 묻는 거야."

다시 읽은 글치는 망설이는 듯한 표정으로 말을 꺼냈다.

"음, 그러고 보니 조금 설명이 부족한 느낌이 드네요. 제가 반대 의견이라면 이 정도 글로 설득을 당하진 않아요."

"무엇을 덧붙이면 더 좋은 글이 될까?"

"자세한 설명을 덧붙여야 할 듯해요. 글 쓴 사람의 경험이나, 구체적인 사례를 덧붙이면 좋지 않을까요?"

"좋은 충고야."

"시우샘은 뭘 덧붙이면 좋겠어요?"

"너랑 비슷해. 그리고 지금은 '나와 생각이 다른 사람을 설득하기에 충분한 글인가?'라는 관점으로 자기 글을 읽으라는 도움말 정도만 할게. 주장 글에 관해서는 별도로 얘기하자."

주장 글은 상대를 설득하는 글이다. 나와 같은 생각을 지닌 사람이 아니라 나와 다른 생각을 지닌 사람을 설득해야 한다. 따라서 자신의 글이 생각이 다른 사람을 설득하는 데 충분한지를 고민하면서 자기 글을 읽어야 한다. 다른 의견을 지닌 사람의 눈으로 보면 자기가 쓴 주장 글의 부족한 점이 보인다.

이 문장을 읽고 헷갈리지 않을까?

"전 지금까지 퇴고, 즉 고치기라고 하면 맞춤법이나 띄어쓰기를 고치는 정도로 생각했어요. 표현이 적절하지 않다거나, 이렇게 쓰면 안 된다는 지적도 많이 받았어요. 솔직히 시우샘이랑 얘기하다 보니까 맞춤법, 띄어쓰기, 표현법은 전혀 중요하지 않은 것처럼 느껴져요. 이런 건 안 중요한가요?"

글치가 진지하게 물었다.

"맞춤법, 띄어쓰기, 표현법은 퇴고를 하면서 반드시 검토해야지. 그리고 난 퇴고에 담긴 진짜 의미를 마음에 새기는 게 훨씬 중요하다고 봐. 다른 사람의 시선으로 자기 글을 보고, 그에 따라 고치는 게 진짜 퇴고야."

"동의해요. 그래도 맞춤법, 띄어쓰기, 표현법을 공부해야 하지 않나요?"

"당연히 해야지. 평소에 글을 쓰면서 공부하고, 주위의 도움을 받아서 잘못된 건 고쳐 나가야지."

"전 지금 시우샘에게 도움을 받고 싶어요."

문장력에 자신 없는 글치에겐 당연한 바람이었다.

"좋은 문장을 쓰고 싶다면 문장을 짧고 단순하게 써. 내가 꼭 너에게 해주고 싶은 말이야."

난 글치가 예전에 쓴 글을 한 편 내밀었다. 그 글 속에서 문장 하나를 선택해서 밑줄을 그었다.

"네가 쓴 이 문장을 한번 보렴. 읽고 어떤 생각이 드는지 얘기해줘."

…… 잘하는 아이들은 좋은 대학을 못 가게 될 수도 있기 때문에 내부에서는 비상이 나고 못하는 아이들은 그것만은 막아달라며 사정하게 되면 학교에서는 누구는 봐주고 누구는 안 봐주고 할 수 없기에 결국에는 피해자와 협상 등 갖은 방법을 동원해서 조용히 해결하려고 할 것이고, 어떤 아이가 왕따를 당하고 있어서 큰맘 먹고 담임선생님께 상담을 요청하면 늘 바쁘게 지내시는 선생님들은 그것을 진지하게 같이 고민해주지 않는 경우가 아주 많다. ……

"제가 이런 문장을 썼단 말이에요? 와우! 이 긴 내용을 한 문장에 쓰다니. 말이 꼬리에 꼬리를 물고 늘어져서 제가 써 놓고 저도 무슨 말인지 잘 모르겠어요."

글치의 말에서 황당함이 잔뜩 묻어 나왔다.

"내가 앞서 말했지, 말꼬리를 길게 늘이는 건 자기 생각을 애매모호하게 만들어 책임을 회피하는 행위라고."

"네. 그랬죠."

"이 문장은 길어. 길지만 책임을 회피하기 위해 모호하게 쓴 건 아니야. 다만 너무 길게 늘어지다 보니 읽는 사람이 무슨 말인지 이해하기 힘들 뿐이야. 심지어 이 글을 쓴 너도 헷갈려."

"그러게요. 문장이 길어지니 싱크로율이 확 떨어지네요. 문장을 짧고 단순 명쾌하게 쓰면 훨씬 깔끔하겠네요."

"내 말이 그 말이야. 내용은 친절하게, 문장은 짧고 단순하게!"

글치는 내 말을 듣고 자기 노트에 메모를 했다.

내용은 친절하게! 문장은 짧고 단순하게!

"문장을 쓰면서 지금까지 넌 수많은 부족한 점을 보였어. 잘못 쓴 문장도 제법 있고. 그 많은 부족함과 오류는 문장을 간단하고 명쾌하게 쓰면 대부분 바로잡혀. 그래서 내가 문장을 짧고 단순하게 쓰는 게 가장 중요하다고 얘기한 거야."

내 말을 들으면서 글치는 자신이 쓴 문장을 뚫어져라 쳐다봤다.

"충분히 읽었으니 네 스스로 고쳐보자."

글치는 머뭇거리지 않고 문장을 짧고 간단한 형태로 바꿨다.

…… 잘하는 아이들은 좋은 대학을 못 가게 될 수도 있기 때문에 내부에서

는 비상이 난다. 못하는 아이들은 그것만은 막아달라며 사정하게 된다. 그러면 학교에서는 누구는 봐주고 누구는 안 봐주고 할 수 없기에 결국에는 피해자와 협상 등 갖은 방법을 동원해서 조용히 해결하려고 할 것이다. 선생님들은 늘 바쁘시다. 그러다보니 어떤 아이가 왕따를 당하고 있어서 큰맘 먹고 담임선생님께 상담을 요청해도 진지하게 같이 고민해주지 않는 경우가 아주 많다. ……

"다 고쳤으면 길게 쓴 문장과 짧고 간단하게 쓴 문장을 비교해보면서 읽어봐. 차이가 느껴지니?"

"흠, 훨씬 좋아요. 같은 내용인데 정말 다르네요. 내용은 친절하게, 문장은 짧고 단순하게! 명심해야겠어요."

"네가 지금까지 쓴 문장 중에서 조금 긴 문장을 몇 개 골랐어. 읽어보고 짧고 단순한 문장으로 고쳐 보렴."

① 빛이 굴절을 일으키는 이유는 뜨거운 공기와 차가운 공기가 만나는 곳에서 빛이 굴절하기 때문에 굴절한 빛으로 인해 착각을 일으키는 것이라고 한다.

② 대부분 얘기가 공부 열심히 해라, 성실해라, 머리보다 노력이 중요하다, 성공해야 한다 뭐 다 그런 식의 얘기밖에 하지 않으셔서 너무 듣기 싫고 막막하기만 하고, 아빠랑 얘기하는 게 꺼려져요. 물론 아빠가 하시는 얘기가 맞다는 건 알지만 날마다 그런 얘기만 하는 건 듣기 싫고 아빠 앞에만 서면 주눅이 들고 힘들어요.

③ 난 옆구리에 찬 총을 꺼내 한 방 쏘고 싶었지만 이번에야말로 내가 계획을 내서 멋지게 지구를 정복하겠다는 결심을 했다.

④ 청소를 자신이 하면 하는 거지 왜 나한테 대고 저 따위 말을 하는지 정말 모르겠다고 생각을 하고 난 "너나 잘해라"하고 쏘아 붙였는데 ㅁㅁ은 재수 없게도 계속 나한테 청소하라고 뭐라고 했다.

⑤ 연필로 내가 쓴 글은 다른 사람에게 내 뜻을 전해주는 역할을 하니 연필도 헤르메스랑 똑같은 역할을 하는 것이므로 나는 연필을 헤르메스라는 이름으로 부르겠다.

⑥ 마녀로 몰린 여자들과 왕따는 모두 집단으로 따돌림을 받는 것이 공통점이라고 할 수 있다. 그리고 마냐사냥의 그 마녀와 왕따는 무척이나 괴로울 것 같다.

"휴, 문장 참 늘어지게 썼네요. 짧고 간단하게 쓰면 훨씬 뜻이 분명할 텐데."

글치는 문장을 짧고 단순하게 고치려고 했다. 그러나 마음처럼 쉽지 않았다. 평소 짧고 분명하게 문장을 쓰지 않았기 때문이다.

"골치 아프네요."

어려워하면서도 글치는 고치기를 포기하지 않았다.

① 뜨거운 공기와 차가운 공기가 만나는 곳에서 빛은 굴절한다. 굴절한 빛으로 인해 착각을 일으킨다.

② 공부 열심히 해라, 성실해라, 머리보다 노력이 중요하다, 성공해야 한다라는 얘기가 대부분이에요. 다 그런 식의 얘기밖에 하지 않으셔서 너무 듣기 싫고 막막해요. 그래서 아빠랑 얘기하는 게 꺼려져요. 물론 아빠가 하시는 얘기가 맞다는 건 알아요. 하지만 날마다 그런 얘기만 하는 건 듣기 싫어요. 아빠 앞에만 서면 주눅이 들고 힘들어요.

③ 난 옆구리에 찬 총을 꺼내 한 방 쏘고 싶었지만 꾹 참았다. 이번에야 말로 내가 계획을 내서 멋지게 지구를 정복하겠다는 결심을 했다.

④ 청소를 자신이 하면 하는 거지, 왜 나한테 대고 저 따위 말을 하는지 정말 모르겠다. 난 "너나 잘해라"하고 쏘아 붙였다. 그렇게 했는데도 ㅁㅁ은 재수 없게 계속 나한테 청소하라고 했다.

⑤ 연필로 내가 쓴 글은 다른 사람에게 내 뜻을 전해주는 역할을 한다. 연필도 헤르메스랑 똑같은 역할을 하는 셈이다. 따라서 나는 연필을 헤르메스라는 이름으로 부르겠다.

⑥ 마녀로 몰린 여자들과 왕따는 모두 집단으로 따돌림을 당한다. 둘 다 무척 괴롭고 힘들다.

"휴, 진짜 힘들다. 그래도 고쳐 놓고 나니 훨씬 뜻도 분명하고, 문장이 깔끔하네요. 단순 명쾌한 문장이 확실히 좋네요."

"특히 학교에서 보는 서술형 시험에서는 단순 명쾌한 문장이어야 해. 문제가 요구하는 핵심을 담아 단순 명쾌하게 적어야 완전한 점수를 얻어."

문장이 단순 명쾌해야 읽는 사람이 오해 없이 문장을 받아들인다. 서술형 시험에서 단순 명쾌한 문장을 필요로 하는 이유다. 문장이 길면 읽는 사람은 무슨 말인지 헷갈리는 경우가 많다. 헷갈리면 싱크로율이 떨어진다. 단순 명쾌한 문장은 뜻을 분명하게 드러내며, 싱크로율을 높인다. 풍성한 내용을 단순 명쾌한 문장에 담아야 좋은 글이다.

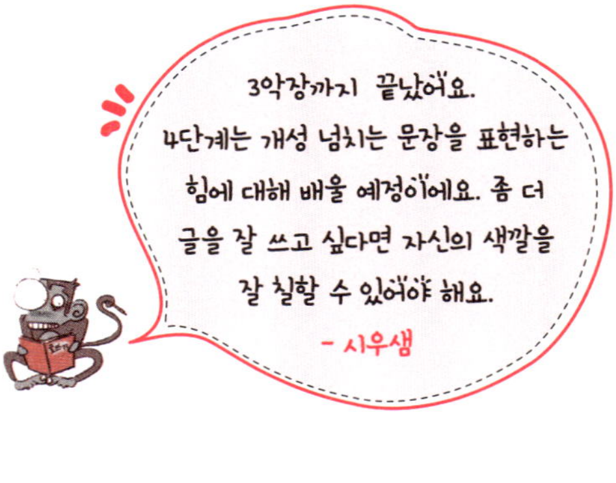

Memo

십대를 위한

유쾌한 글쓰기 콘서트

4악장

문장을 표현하는 힘, 문장력 강화하기

01 개성 넘치는 내용을 담는다

문을 열고 들어오는 글치의 얼굴이 환하다. 환한 얼굴을 마주하면 기분이 절로 좋아진다. 행복은 작은 미소에서 시작한다. 이런저런 얘기로 한참 수다를 떨던 글치가 글을 내밀었다. 음악이 너무 좋아서 쓴 글이라고 했다.

노래는 늘 우리 옆에서 우리와 함께 한다. 노래는 우리 주변에 늘 가까이 있다. 노래는 유명한 가수들의 아름다운 목소리와 녹음된 파일, 컴퓨터, 오디오, 라디오, TV, 공연장 등에서 수없이 들린다. 요즘은 노래방이 생겨 전국 방방곡곡이 노래로 가득 찬 느낌이다. 노래는 우리들의 마음을 변화시키고 기쁘게 만든다. 때로는 분노를 불러오고, 때로는 슬픔을 불러온다. 노래는 감정을 변화시키기에 늘 사람과 함께 한다. 노래는 특성에 따라 그 종류가 매우 다양하다. 노래는 정말 역사도 길다. 아주 옛날부터 협동할 때 노래를 부르면서 놀고 춤추었다. ……

"제법 잘 썼네."

난 덤덤하게 말했다.

"누가 쓴 글이야?"

글치는 내 질문이 황당한 듯 날 바라보았다.

자신이 사라진 글

"당연히 제가 썼죠."

"정말? 그런데 왜 넌 없어?"

"제가 없다니요? 전 여기 있는데요."

"네 글에 네가 어디 있느냐고. 이 글에 네가 전혀 없어서 난 네가 쓴 글이 아니라고 생각했거든."

글치는 완전히 당황했다.

"아니, 그러니까, 시우샘! 꼭 제 경험을 써야 하나요?"

"글에 자신을 담으라는 말을 꼭 경험을 쓰라는 말로 오해하지는 마. 자기 생각, 느낌, 경험, 지식이 모두 자기 자신이야."

"그렇죠."

"그런데 지금 네가 쓴 이 글에는 네가 없어. 그저 어디서나 볼 만한 글이고 누구나 쓸 만한 글이야. 굳이 네가 쓰지 않아도 되는 글이지. 개성이 없는 글은 쓸 필요가 없어. 그냥 남들이 쓴 글 베끼거나, 남의 글 복사해서 읽으면 돼. 남과 똑같이 쓸 거라면 굳이 힘들게 글쓰기를 할 필요가 없지."

"으음."

글치의 앙다문 입 사이로 신음 소리가 배어 나왔다.

"생각해보니 전에도 이런 똑같은 소릴 들었던 기억이 나요. 글엔 개성을 담아라! 개성 없는 글은 내 글이 아니다! 문장력을 이루는 세 가지 요소 중 하나가 개성이다. 그렇게 강조를 했는데도 전 여전히 개성이 뭔지 잘 모르겠네요. 머리로는 이해하지만 익숙하지 않아요. 어쩌면 좋죠?"

글치는 진심으로 답답해했다.

수없이 펼쳐지는 사건들, 끝없이 이어지는 내 생각과 감정들, 하루에도 엄청나게 쏟아져 들어오는 지식들! 그 중에서 글로 옮길 만한 것들을 **발견하고, 간추리고, 의미를 부여하는 힘! 그게 바로 문장력이다. 여러 번 강조하지만 문장력의 기본은 발견하는 힘이다.**

문장력을 기르는 과정은 세상과 사람을 바라보는 힘을 기르는 과정과 동일하다. 문장력과 독해력은 서로 통한다. 독해력이 글 속에 담긴 사람을 이해하는 힘이라면, 문장력은 사람을 글로 옮기는 능력이다.

"오늘날 청소년들은 자기 눈으로 세상을 바라보기 보다는 누군가 정해 놓은 정답을 찾는 일에 지나치게 많은 시간을 보내. 그래서 자기만의 시선으로 세상을 보는 능력이 정말 떨어져. 심지어는 자신이 좋아하는 게 뭔지도 몰라. 정말 안타까운 일이지."

"쩝. 맞아요. 샘이랑 문장력 기르기를 하면서 계속 느껴요. 샘은 끊임없이 자기만의 눈으로 세상을 보고, 타인의 시선이 되어 제가 쓴 글을 살펴야 한다고 했지만, 정말 어려워요."

"맞아! 어려워. 결코 쉽지 않지. 그리고 넌 가능성이 많아. 내가 말한 원칙과 방법을 기억하고 노력하잖아. 내 말을 가슴에 새기고 기억하면서 글쓰기를 계속하면 얼마 지나지 않아 문장력이 엄청나게 늘어날 거야."

글치는 살짝 미소를 지었다. 희망과 다짐을 담은 미소였다.

"문장에 개성을 담으려면 내용과 형식이 필요해. 내용은 자기만의 시선이고, 형식은 문체야. 일단 네가 개성 있는 내용을 담아 내는 능력이 아직 부족하니까 그 부분을 다시 한 번 강조해서 설명해줄게."

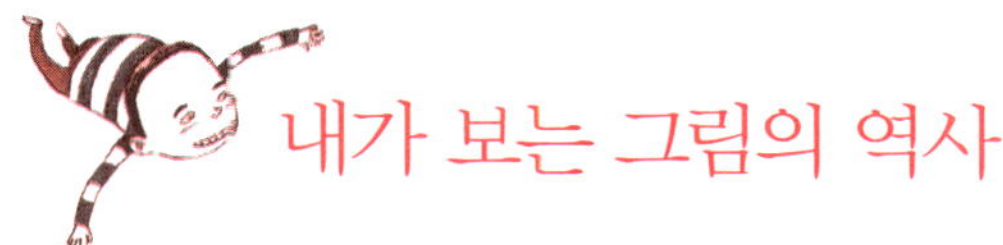

내가 보는 그림의 역사

난 몇 장의 그림을 꺼내서 글치에게 보여주었다.

"이건 고대 이집트와 중세 시대 서양에서 그린 그림이야."

"이건 유럽에서 중세가 끝나고 르네상스 시대에 그린 그림이야. 이집트와 중세 시대에 그린 그림과 어떤 차이가 있니?"

가만히 그림을 살피던 글치가 말했다.

"원근법이요. 이집트나 중세 시대 그림은 원근법이 없는데, 르네상스 그림은 원근법이 있어요. 실제 사람 눈으로 본 풍경처럼 그렸어요."

"맞아. 그런데 왜 이런 차이가 날까?"

"옛날 사람들이 그림 실력이 떨어져서요."

"아니!"

"그럼 뭔데요?"

"바로 신과 인간의 차이야."

"신과 인간이라고요?"

"그래. 이집트와 중세 시대의 그림은 신의 눈으로 보고 그렸어. 인간이 자신의 시선으로 본 세상이 아니라 신의 눈으로 본 세상이지. 신의 눈으로 보면 세상은 평등하니까. 신은 언제 어디서나 존재하므로 원근법으로 그림을 표현할 필요가 없지."

난 원근법 그림을 손으로 가리켰다.

"원근법은 사람의 시선으로 본 그림이야. 신에게서 사람으로! 정말 엄청난 변화지. 그리고 르네상스 시대의 그림은 사람의 눈으로 본 그림이긴 하지만 오로지 내 눈으로 본 그림은 아니야."

"무슨 말이죠? 이해가 안 가요."

난 인상파가 그린 그림을 보여주었다.

"이건 인상파 화가들이 그린 그림이야. 원근법이랑 비교해봐."

두 그림을 살피던 글치가 책상을 탁 치며 소리쳤다.

"아! 알겠어요. 원근법은 사람의 시선이긴 하지만 나만의 시선이 아니에요. 반면에 인상파 그림은 다른 사람이 어떻게 보는지와 상관없이 내 눈으로 본 풍경이에요. 나만의 풍경, 내가 보는 시선으로 그림을 표현했어요. 와! 차이를 생각하면서 보니까 완전히 다르네요."

"우린 모두 사람이지만 사람마다 느낌이 달라. 눈에 보이는 풍경도 사람마다 다를 거야. 르네상스 그림이 모두의 시선, 사람 전체의 시선이었다면 인상파 그림은 나의 시선이야. 온전한 나만의 시선이지. 하늘에 뜬 태양은 같은 태양이지만 다른 사람이 보는 태양과 내가 보는 태양은 전혀 달라."

"정말 그런 것 같아요."

"추상화는 어떨까?"

"추상화요?"

글치가 잠시 생각에 잠긴듯 하더니 심드렁하게 말한다.

"저는 솔직히 추상화는 도대체 뭘 그렸는지 모르겠어요."

"당연히 이해하기 힘들지. 왜냐하면 추상화는 누군가의 마음을 그리기 때문에……."

"누군가의 마음이라고요?"

"그래, 속마음. 오직 자기 마음으로 본 세상, 마음의 풍경, 느낌의 풍경이거든."

"잘 모르겠어요."

글치는 눈을 말똥말똥 뜨면서 나를 바라보았다.

"느낌을 눈으로 볼 수 있니?"

"아뇨. 못 보죠. 그걸 어떻게 봐요. 느낌은 그냥 느끼는 거잖아요."

"맞아. 추상화는 볼 수 없는 느낌을 그림으로 표현한거야. 그 누구의 것도 아니고, 그야말로 온전히 나만의 것! 나만의 느낌, 내 속의 생각! 신에서 사람으로, 사람에서 나로, 내 시선에서 내 마음과 느낌으로 진행되는 것이지. 정말 놀랍지 않니? 그림이 발전한 역사가 결국 나만의 시선으로 세상을 보기 위한 힘을 기르는 과정이라는 것이."

내가 보는 과학의 역사

미술의 역사는 신들의 시선에서 나만의 시선으로 세상을 보는 힘을 기르는 과정이었다. 미술의 역사뿐만 아니다. 물론 이건 내 시선으로 본 미술의 역사다. 과학도 마찬가지다. 과학은 내 생각, 내 의지, 내가 보는 것과 상관없이 원래 존재한다고 생각하겠지만 천만의 말씀이다.

"제우스네요."

"고대인들은 번개는 신이 내린 벌이며, 가뭄이 오면 하늘이 노한 증거며, 홍수가 나면 물의 신이 심술이 났다고 믿었어. 그들에겐 그게 과학이었지. 고대인들에게 자연현상은 신의 뜻이었어."

"뉴턴! 만유인력을 발견했죠."

"뉴턴은 근대 과학을 상징하는 인물이지. 근대 과학은 자연현상이 벌어지는 이유는 신 때문이 아니라 자연법칙 때문이라고 밝혔어. 세상은 신의 의지와 상관없이 존재하고 움직여. 뉴턴의 과학은 자연법칙을 밝혀내는 학문이야."

"음, 신에게서 벗어났네요."

"아인슈타인! 상대성 원리!"

"뉴턴은 세상이 정밀한 법칙에 따라 움직이는 기계라고 여겼어. 반면에 아인슈타인은 자연의 법칙은 상대적이라고 밝혔지. 시간은 세상에 존재하는 모든 사물과 생명체마다 다르게 흘러. 인간으로 따지면 우린 하루 24시간이 절대적으로 존재한다고 생각하지만 실제로는 각자의 시간이 있다는 거야. 빠르게 움직이면 시간이 느리게 가고, 느리게 움직이면 시간이 빨리 가."

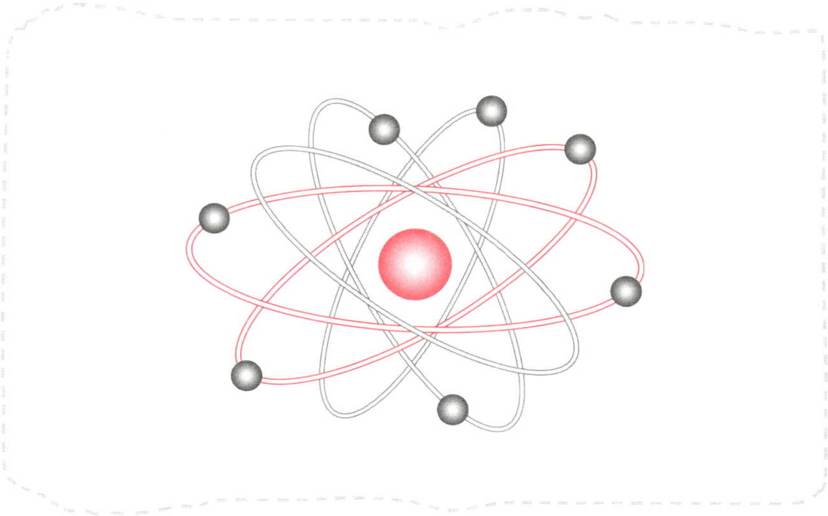

"이건 원자를 표현한 그림이네요."

"고대인들에게 자연현상은 신의 뜻이었어. 뉴턴에게 자연현상은 객관적인 과학 법칙이었지. 아인슈타인에게 자연현상은 상대적인 법칙이었어. 아인슈타인은 사람에 따라 상태에 따라 법칙이 상대적으로 바뀐다고 했어. 그런데 여기서 더 황당한 주장을 하는 과학이 나와. 바로 양자역학이야."

"양자역학! 들어봤어요."

"양자역학은 내 의지가 세상의 법칙에 영향을 미친다고 봐. 과학의 법칙이 객관적으로 존재하기보다는 내 의지에 따라 영향을 받는다는 거야."

"헐! 어떻게 그럴 수가 있죠? 과학은 객관적인 법칙 아닌가요?"

"넌 아직 상대성원리 수준에 도달하지 못했구나. 상대성원리는 과학의 객관성을 부정해. 과학은 상대적이야. 양자역학은 한 걸음 더 나아가지. 좀 어렵겠지만 설명해줄게. 모든 사물은 위치와 운동으로 표시해. 차를 타고 달리면 도로 위에서 달려. 도로 위라는 위치, 달린다는 운동! 방에서 뒹굴면?"

"방이라는 위치와 뒹군다는 운동으로 표시되죠."

"원자의 세계도 마찬가지로 위치와 운동으로 표시돼."

"그러겠죠."

"그런데 희한하게도 원자의 세계에서는 위치를 알면 운동을 모르고, 운동을 알면 위치를 몰라. 아니, 알 수가 없어. 왜냐하면 내가 보고자 하는 것만 보이기 때문이야. 위치를 보려고 하면 운동이 안 보이고, 운동을 보려고 하면 위치가 안 보여."

"그게 말이 돼요?"

"말이 안 된다고 생각하지만 사실이야. 원자가 내 의지의 영향을 받는 거야. 실험으로 증명한 사실이니까 부정하지 못해. 더 황당한 실험 결과도 있어. 작은 2개의 구멍으로 전자 하나를 쏘면 두 구멍 뒤쪽 모두에서 흔적이 나타나."

"전자는 하나잖아요? 그런데 어떻게 2개의 구멍에서 모두 흔적이 나타나죠?"

"이해가 안 가지? 나도 그래. 그런데 정말 황당한 건 어디로 통과하는지 관찰하기로 마음을 먹고 한쪽에 관측기를 설치하고서 바라보면, 희한하게도 거기에서는 전자가 보이고, 나머지 다른 구멍에선 전자가 통과한 흔적이 전혀 남지 않아."

"그러니까 구멍 2개에 전자 하나를 쏘면 양쪽 구멍 모두에 전자가 통과한 흔적이 생기는데, 한쪽 구멍을 뚫어져라 관측하면서 전자를 쏘면 관찰한 쪽에서만 나타난다는 거잖아요. 이건 뭐 무슨 마법이나 마술도 아니고……."

"황당하지만 사실이야."

"도대체 왜 그런 현상이 벌어지는 거죠?"

"내 의지가 전자의 운동에 영향을 미치기 때문이지."

"말도 안 돼."

"『물은 답을 알고 있다』라는 책 읽어 봤어?"

"네, 봤어요. 진짜 신기했어요. 사람 마음이 물 모양에 영향을 미치다니……. 아! 똑같네요!"

"그래 똑같아. 내 의지, 내 마음, 내 뜻이 물 분자의 모양에 영향을 미쳐. 원자의 운동에도 영향을 미쳐. 어떻게 그런 일이? 그런데 실제 그런 일이 벌어져."

"오! 미술이랑 똑같네요. 과학도 결국 내 의지, 내 눈으로 보는 세상이네요."

글을 쓰라고 하면 청소년들은 "글로 쓸 만한 특별한 게 없어요."라고 한다. 거듭 강조하지만 특별해서 쓰는 게 아니라, 쓰면 특별해진다. 역사를 예로 들어보자. 특별하고 중요해서 역사가 되는 게 아니다. 역사가가 책에 기록하면 그게 중요해지고, 역사가 된다. 생각해보면 수없이 많은 사람들이 살아왔던 세상에서 기록으로 남은 건 얼마 안 된다. 그 중에서 누군가가 자신의 눈으로 기록한 사건이 역사가 되었다. 처음은 한 개인의 시선이었지만, 그것이 기록되면서 역사가 되었다. 중요했기 때문에 역사로 기억하는 것이 아니라 누군가가 기록했기 때문에 역사로 기억하는 것이다.

내가 쓰면 그게 중요하다. 내 눈과 관심이 머무는 걸 써라! 내 눈으로 보는 세상은 오직 나만의 세상이다. 그 누구도 내가 보는 세상을 보지 못한다. 내가 보는 세상이 내 글이다. 예술, 과학, 글쓰기를 비롯한 모든 인간 활동은 내가 보는 세상을 담는 그릇일 뿐이다.

끌리는 문장을 낚는다 02

"개성! 내용에 개성을 담는다! 음, 갑자기 글이 쓰고 싶네요."

"쓰고 싶을 땐 써야지."

"제목은 내가 보는 창문 밖 운동장이에요."

하루 10분 글쓰기 29_ **내가 바라본 창문 밖 풍경**

"오호, 제목까지 스스로 정하다니 좋은 태도야. 그리고 너만의 시선을 담기에 참 좋은 주제기도 하고."

글치는 정성스럽게 글을 썼다. 문장 하나하나에 온힘을 다했다. 글을 다 쓴 뒤에는 자기 글을 여러 번 읽더니 고쳤다. 다른 사람의 시선으로 자신의 글을 보면 어떨까를 생각하면서 몇 번씩이나 고치고, 또 고쳤다.

내 앞에 창문이 있다. 네모난 창문 밖에는 비가 온 뒤의 질퍽이는 흙이 가득하다. 촉촉한 가로수와 얕은 바람에 따라 살짝살짝 떨어지는 물방울도 가끔 시선을 끈다. 내 눈에 모든 풍경이 다 아름다워 보인다. 모두 다 아름답지만 내 마음은 아름답지 못하다. 내 마음은 그저 질퍽이는 흙일 뿐이다. 내 마음에도 평범하고 좋은 땅이 있었다. 그런데 비가 오고 눈이 오고 사람들이 밟고 지나가는 바람에 그야말로 엉망진창이 되어 버렸다. 내 마음은 진짜 진창이 된 운동장일까? 솔직히 내 자신이 갑자기 한심스럽다. 왜 나는 내 자신을 사랑하지 못하는 걸까? 나도 내 땅을 다른 사람들의 마음속 땅처럼 가꾸고 싶다. 나는 가능하다고 믿는다. 아니 가능하다고 믿고 싶다. 내 마음속에 좋은 땅을 만들고, 아름다운 정원으로 가꿔 나갈 때까지 날 사랑하고 싶다.

"네 글을 읽는데 네 가슴속 느낌이 전해져서 나도 가슴이 아프다. 힘내고, 아름다운 정원을 만들 때까지 더욱더 많이 너 자신을 사랑하렴. 그리고 정말 개성이 넘치는 글이야."

"글을 쓰고 나니 속이 시원하고, 뿌듯하네요. 시우샘이 말한 원칙을 계속 생각하면서 쓰려고 노력했어요. 고칠 때도 마찬가지였고요. 나만의 개성, 개성 넘치는 글, 무슨 말인지 이제 확실히 알았어요."

"확실히 인정!"

난 엄지손가락을 지켜 세웠다.

개성 넘치는 문체를 얻는 가장 쉬운 방법

"그럼 이젠 개성 넘치는 문장, 그러니까 개성 넘치는 문체를 사용하려면 어떻게 해야 하는지 가르쳐주세요."

글치는 적극적인 자세로 내게 물었다.

"너무나 간단하고 쉬운 방법을 알려주지."

"뭔데요?"

"책 한 권을 읽으면서 최소한 하나의 멋진 문장을 건져 올리는 거야."

"문장을 건져 올리다니요?"

"정말 멋지게 표현한 문장, 와! 세상에 이런 표현이 있다니? 와! 문장을 이렇게 쓰기도 하는구나! 뭐, 이런 문장이 눈에 띄면 메모를 하는 거지."

글치는 고개를 갸우뚱했다.

"음, 전 책을 읽으면서 잘 쓴 문장을 골라내겠다는 생각은 한 번도 해본 적이 없어요."

"그래, 대부분의 청소년이 그렇지. 대부분 줄거리를 좇아가기에 바빠. 마음에 와 닿는 표현, 정말 기막힌 표현을 발견할 줄 몰라. 발견하는 능력이 떨어져. 독해력 부족이지."

"동의해요. 생각지도 못했으니까요."

"지금부터 책 한 권을 읽으면 문장 하나는 건져 올려."

"꼭 하나는 아니죠?"

글치는 손가락 하나를 펴 보였다.

"당연하지. 최소한 하나! 많으면 더욱 좋지."

"음, 그럼 노트도 한 권 마련해야겠어요."

"좋은 생각! 문장 노트 한 권을 마련해서 가슴에 와 닿는 문장을 만날 때마다 옮겨 적으면 문장이 오래도록 남지."

하루 10분 글쓰기 30_ 문장 노트를 만들고 좋은 문장을 발견해서 기록하기

"적어 놓고 자꾸 읽어야겠죠?"

"그럼, 자꾸 읽어야지. 문장을 노트에 적으면 씨앗이 되고, 가슴에 새기면서 자꾸 읽으면 싹이 되어 자라나서 나만의 문체로 피어날 거야."

"선생님이 말하신 지금 그 문장! 좋네요. 적을 게요. 다시 한 번만 말씀해 주실래요?"

내가 한 번 더 말하자 글치는 글쓰기 노트에 재빨리 내가 말한 문장을 적었다.

문장은 노트에 적으면 씨앗이 되고, 가슴에 새기면서 자꾸 읽으면 싹이 되어 자라나서 나만의 문체로 피어난다.

"문장을 노트에 적으면 씨앗이 되고, 가슴에 새기면서 자꾸 읽으면 싹이 되어 자라나서 나만의 문체로 피어난다! 음, 멋진 문장이에요. 이렇게 쓰고, 지금처럼 읽어보란 말이죠?"

"빙고. 바로 그거야."

밑줄과 메모, 독해와 문체를 위한 기본 습관

난 문득 글치가 평소에 어떻게 책을 읽는지 궁금했다.

"혹시 가방에 책 있니?"

"네. 한참 재미있게 읽는 책이 있어요."

"꺼내 볼래?"

글치는 가방 안에서 책을 꺼냈다.

"산 거야?"

"네. 서점에 갔다가 재미있어 보여서 골랐어요."

"흠, 직접 고르다니 좋은 습관이야. 한번 볼까."

난 글치가 재미있게 본다는 책을 살폈다. 깨끗했다. 아무런 흔적이 없이 처음부터 끝까지 깨끗했다. 3분의 2쯤에 책갈피를 꽂아둔 걸 제외하면 아무런 흔적이 없었다.

"너므 깨끗하군."

"책은 깨끗이 읽어야죠."

글치는 당연한 듯 말했지만 난 고개를 저었다.

"아니, 여기 내가 읽은 책들이야. 한 번 살펴 봐."

글치는 내가 본 책들을 여러 권 뒤적거렸다.

"와우, 왜 이렇게 지저분해요. 밑줄도 가득하고, 메모도 한 두 개가 아니네요."

"지저분해서 싫으니?"

"음, 잠깐만요."

글치는 내가 밑줄 친 부분을 읽고, 내 메모도 읽었다.

"음, 뭔가 정리가 되는 느낌이에요. 뭐랄까 시우샘이 어떤 부분에 관심을 기울였는지도 알 것 같고, 그리고 시우샘이 문장을 건져 올리는 습관도 엿보이고요."

"잘 봤어. 난 책을 읽으면 끝없이 고민하고, 생각해. 당연히 중요한 부분, 핵심이 되는 부분에 밑줄을 긋지. 안 그러면 잊어버리니까. 중간에 생각이 떠오르면 내 생각을 메모하기도 하고, 글쓴이의 생각을 간단명료하게 정리하기도 해."

"그러네요. 여기는 아예 한 페이지 전체를 메모로 채우셨군요. 여긴 시우샘의 생각이랑 질문을 적었고. 음, 이건 멋진 문장을 정리한 거군요."

글치는 내가 본 책들을 뒤적이며 살폈다.

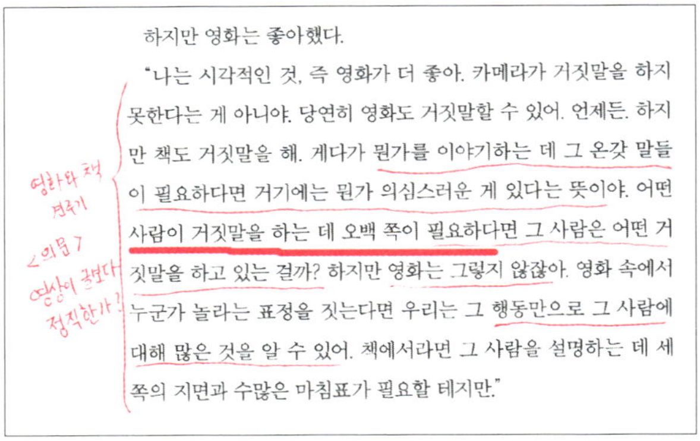

하지만 영화는 좋아했다.

"나는 시각적인 것, 즉 영화가 더 좋아. 카메라가 거짓말을 하지 못한다는 게 아니야. 당연히 영화도 거짓말할 수 있어. 언제든. 하지만 책도 거짓말을 해. 게다가 뭔가를 이야기하는 데 그 온갖 말들이 필요하다면 거기에는 뭔가 의심스러운 게 있다는 뜻이야. 어떤 사람이 거짓말을 하는 데 오백 쪽이 필요하다면 그 사람은 어떤 거짓말을 하고 있는 걸까? 하지만 영화는 그렇지 않잖아. 영화 속에서 누군가 놀라는 표정을 짓는다면 우리는 그 행동만으로 그 사람에 대해 많은 것을 알 수 있어. 책에서라면 그 사람을 설명하는 데 세 쪽의 지면과 수많은 마침표가 필요할 테지만."

『쫓기는 아이』(봄나무, 알렉스시어러)

"내가 책을 읽는 요령이야. 난 책을 읽으면 내것으로 확실히 만들기 위해 이런 식으로 읽어. 그리고 이를 통해 문장 훈련을 하지. 솔직히 난 국문학과를 나오지도, 문예창작을 정식으로 배우지도 않았어. 글쓰기를 누군가에게 배운 적도 없어. 그저 밑줄을 긋고, 메모를 하면서 책을 읽었을 뿐이야. 그리고 틈만 나면 나만의 시선을 담은 글을 쓰려고 했고, 그 글을 낯선 시선으로 보면서 고치는 과정을 밟았어. 그러다 보니 조금씩 글이 나아졌지. 물론 아직도 내 글을 볼 때마다 내가 지닌 철학이나 관점이 한참 부족하다는 걸 느껴. 문장력도 아직 부족하고. 그래서 지금도 책을 읽을 때는 밑줄을 긋고 메모를 해, 책을 읽을 때마다 새롭게 배우는 게 너무나 많거든. 나만의 문체를 만들기 위해 좋은 문장이 있으면 메모를 해 놓고 두고두고 읽어봐."

"이 노트가 시우샘 문장 노트네요."

글치는 내 문장 노트에 담긴 문장을 몇 개 읽었다.

사람들이 길인 것을 잊었는데도 풀들 사이로 간신히 가르마처럼 난 좁은 길이 제 이름을 지키고 있었다. 『나도 하늘말나리야』

'한 번도'란 단어를 단 하나만이라도 지울 수 있게 된 날은 대단한 날이다. 그 '한 번도'를 적어도 세 개 이상 지우고, 대신 그 자리에 '처음으로'란 말을 쓸 수 있게 된다면 그 날은 세 곱절로 대단한 날이다. 『0에서 10까지 사랑의 편지』

진정 두려워해야 할 것은 죽음도, 고독도, 외로움도, 좌절도 아니다. 목적 없이 살아가는 삶이야말로 가장 두려워해야 한다.

『세계에서 빈곤을 없애는 30가지 방법』

생각해보라! 언제까지 학생이고, 선생님이며, 사장이고, 교수이겠는가? 그건 내가 아니다. 나를 나이게 하는 것이 있어야 한다. 그게 사라지면 병이 걸린다. 『나는 아내와의 결혼을 후회한다』

"음, 저의 독서 습관에서 부족한 면이 뭔지 알겠어요."

"부모들은 그저 책을 많이 읽으면 저절로 독해력이 좋아지고, 문장력이 길러질 거라고 믿어. 하지만 아니야. 책을 어떻게 읽느냐가 더 중요해. 몇 권을 읽더라도 책에 밑줄을 그으면서, 책에 담긴 핵심 내용과 자기 생각을 메모하면서 읽어야 독해력이 늘어나. 그런 식의 독서를 몇 년간 했다고 생각해 봐."

"독해력이 늘지 않으면 이상하겠네요."

"당연하지. 또한 좋은 문장을 적고 읽는 걸 몇 년씩 반복한다고 생각해 봐."

"와우, 당연히 개성 있는 문체를 쓰겠죠."

"난 겨우 7~8년 정도를 그렇게 했을 뿐이야. 앞으로도 계속 그리할 거고."

"음, 전 어떻게 하면 금방 글 잘 쓰고, 문장력 좋아질까 고민했는데 그러면 안 되는 군요. 그런데 7~8년이라니 너무 길어요."

"단 6개월만 실천해도 완전히 달라져. 독해력도, 문장력도 몰라보게 바뀔 거야."

같은 뜻, 다양한 문장 03

"제가 배우기에 문체는 강건체, 우유체, 간결체, 만연체, 건조체, 화려체, 경어체 등이 있어요. 시우샘이 처음에 문체 얘기를 했을 때 전 국어 시간에 배운 문체를 떠올렸어요. 제가 그런 문체를 흉내 내서 써야 하는 소린가 했죠."

"흉내 내어 쓸 필요는 없어. 그리고 학교에서 배운 문체는 여러 사람이 쓰는 문체의 특징을 나중에 정리했을 뿐이야. 한 사람이 글을 쓰는데 딱 하나의 문체만 있는 건 아니니까. 내가 말하는 문체는 남과 다른 나만의 문장 표현법이야."

"자기만의 문장 표현법이라고 하니 잘 모르겠어요. 구체적으로 설명해주세요."

뜻은 같지만 문장은 다르게

“구체적으로 설명해달라고?. 좋아. 바로 이 질문으로 설명할게. ‘구체적으로 설명해주세요.’란 문장은 흔히 써. 여러 사람이 쓰는 문체지. ‘구체적으로 설명해주세요’란 문장은 ‘자세히 설명해주세요’, ‘꼼꼼하게 알려주세요’, ‘정확하게 짚어주세요’, ‘제가 이해하게끔 설명해주세요’ 등 다양한 방법으로 표현이 가능해.”

“아! 누구나 쓰는 표현이 아니라 다르게 써 보라는 거네요. 그러니까 글의 내용도 나만의 시선을 담고, 글의 형식도 남이 쓰지 않는 자기만의 표현을 쓰기 위해 노력해보라는 말이군요.”

“바로 그거야.”

“음, 그럼 개성 있는 문체를 기르는 두 번째 방법은 한 문장을 써 놓고 다르게 표현하는 법을 자꾸 연습해보는 거겠네요. 글을 쓰다가도 같은 뜻을 다르게 표현할 수 있는지 고민하는 것이겠고.”

“빙고. 이젠 내가 굳이 말해주지 않아도 너 스스로 찾아내는 구나.”

글치는 자부심 가득한 웃음을 지었다.

“방법을 찾았으니 연습을 해봐야지? 여기 10개 문장을 줄 테니까 다양하게 바꿔 봐.”

하루 10분 글쓰기 31_ 기존 문장을 같은 뜻을 지닌 다른 문장으로 바꿔보기

① 책을 읽을 때는 문장에 밑줄을 그어야 한다.

② 힘들겠지만 노력을 하다 보면 나도 성공할 수 있을 것이다.

③ 나도 다른 사람들처럼 공부를 잘하고 싶다.

④ 행복을 맞이할 줄 아는 자세가 있어야 행복이 찾아온다.

⑤ 올 한해도 역시나 별의별 일이 다 있었어.

⑥ 혼란한 세상에서 살아남으려면 사람을 잘 만나야 한다.

⑦ 이런 좋은 기회는 다시 찾아오기 힘들 텐데 정말 아쉽다.

⑧ 그는 지난날의 잘못을 반성하고 새 사람이 되었다.

⑨ 억지로 암기하지 말고 이해하면서 공부를 해야지.

⑩ 나는 친구들과 만나 신나게 놀고 싶었지만 꾹 참았다.

글치는 첫 번째 문장을 보고 한참을 씨름하더니 느릿느릿 썼다.

① 책을 읽을 때는 문장에 밑줄을 그어야 한다.

→ 책을 읽을 때에는 문장에 밑줄을 그어야 한다.

책을 읽을 때에는 문장에 밑줄을 그어라.

글치가 바꾼 문장을 읽고 나는 약간 큰 소리를 질렀다.

"그런 식 말고!"

글치는 화들짝 놀랐다.

"슬쩍 조사 하나 바꾸고(때는 → 때에는), 말꼬리 살짝 바꾸는 방식(그어야 한다 → 그어라)이면 그 문장이 그 문장이지. 그렇게 눈속임하지 말고 정직하게 해. 먼저 문장 전체 틀을 바꾸려고 해봐. 그게 힘들면 중요한 단어를 바꾸든지."

"쉽지 않네요."

"척 보기에도 색다르게 해야지."

"네."

야단을 맞은 글치는 다시 문장과 씨름을 했다. 독자 여러분도 함께 해보기 바란다.

① 책을 읽을 때는 문장에 밑줄을 그어야 한다.

→ 문장에 밑줄을 그으며 책을 읽어야 한다.

→ 독서를 하면서 문장에 민줄을 치는 습관이 필요하다.

→

② 힘들겠지만 노력을 하다 보면 나도 성공할 수 있을 것이다.

→ 힘들어도 노력하면 나도 성공이 가능할 것이다.

→ 내가 성공하려면 힘들어도 노력해야 한다.

→

③ 나도 다른 사람들처럼 공부를 잘하고 싶다.

→ 내가 다른 사람처럼 공부를 잘하면 얼마나 좋을까?

→ 난 다른 사람처럼 공부 잘하고 싶은 욕심이 있다.

→

④ 행복을 맞이할 줄 아는 자세가 있어야 행복이 찾아온다.

→ 행복을 맞이할 줄 알아야 행복이 찾아온다..

→ 행복은 행복을 맞이할 줄 아는 사람에게 찾아온다.

→

⑤ 올 한해도 역시나 별의별 일이 다 있었어.

→ 올해도 역시 갖가지 일들이 많았어.

→ 올 한해도 참 다사다난했어.

→

⑥ 혼란한 세상에서 살아남으려면 사람을 잘 만나야 한다.

→ 사람을 잘 만나야 혼란한 세상에서 살아남는다.

→ 혼란한 세상을 이겨내려면 좋은 사람을 만나야 한다.

→

⑦ 이런 좋은 기회는 다시 찾아오기 힘들 텐데 정말 아쉽다.

→ 다시 찾아오기 힘든 좋은 기회를 놓치니 정말 안타깝다.

→ 좋은 기회를 놓치니 정말 후회스럽다.

→

⑧ 그는 지난날의 잘못을 반성하고 새사람이 되었다.

→ 그는 지난 잘못을 반성하고 완전히 새로운 사람으로 탈바꿈했다.

→ 그는 개과천선했다.

→

⑨ **억지로 암기하지 말고 이해하면서 공부를 해야지.**

→ 억지 암기보다 이해하는 공부를 해라.

→ 이해하는 공부가 억지로 암기하는 공부보다 훨씬 좋아.

→

⑩ **나는 친구들과 만나 신나게 놀고 싶었지만 꾹 참았다.**

→ 나는 친구들과 신나게 놀고 싶은 마음을 꾹 참았다.

→ 나는 놀고 싶은 마음을 꾹 참고 해야 할 일을 했다.

→

"휴, 힘들다."

"애썼다."

"문장 다르게 쓰기, 힘들지만 재미도 있네요. 10문장 연습한 것만으론 충분하지 않겠죠?"

"물론이지. 평소에 글을 쓸 때 항상 다르게 표현할 방법이 없나 고민해봐. 남들이 많이 쓰는 표현, 어디서 많이 보던 표현이 아니라 내 개성을 담은 표현을 찾기 위해 노력해봐."

"노력해야죠. 그리고 힘들 줄만 알았는데 의외로 재미도 있네요. 개성 넘치는 문체를 얻으려면 어떻게 해야 하는지 이제 조금은 알겠어요."

국어 수업에서 배운 문장 표현법 활용하기

"개성 넘치는 문체를 얻는 세 번째 방법은 국어 수업에서 배운 표현법을 활용하는 거야."

"국어 시간에 배운 표현법이라면……, 혹시 은유법, 직유법, 의인법, 대구법 등을 말하나요?"

"잘 아네. 제법 공부를 잘했군. 학생들은 국어 수업에서 배운 내용을 그저 시험 볼 때만 쓰고 말아. 분명히 글쓰기를 할 때도 필요한데 말이야."

"학교에서 그냥 시험 보는 용도로만 가르치니까 그렇죠."

"그렇긴 하지만 국어 수업에서 배운 표현법을 적절히 활용하면 정말 멋진 문장이 탄생해."

난 몇 가지 표현법을 글치에게 보여주었다.

*** 직유법과 은유법**

- 윤선생은 탐욕스런 사업가처럼 미소를 지었다. (직유)
- 앵두빛 같은 피가 입술 사이로 삐져 나왔다. (직유)
- 사랑하는 이의 달콤한 속삼임은 천사의 목소리다. (은유)
- 내 님은 하늘이요 내 마음은 하늘을 나는 구름이라. (은유)

*** 의인법과 활유법**

- 바람을 타고 날아온 꽃향기가 내 코를 쓰다듬었다. (의인)
- 민들레꽃이 빗줄기 속에서도 하얗게 웃음을 날렸다. (의인)
- 파도는 지치지도 않는지 계속 울부짖었다. (활유)

- 돌멩이가 이리저리 몸을 굴렸다. (활유)

*** 대구법과 대조법**

- 자유 없이 사느니, 물 없이 사막을 건너겠다. (대구)
- 도전해도 고통이요, 포기해도 고통이다. (대구)
- 여자는 약하나 어머니는 강하다. (대조)
- 삶은 잠깐이지만 평판은 오래 간다. (대조)

"음, 국어 수업에서 배웠던 표현법이 새록새록 생각나네요. 이 밖에도 많죠."

"물론 많지. 일일이 설명하기엔 너무 많아. 필요하면 너 스스로 공부해. 그리고 공부만 하지 말고 실제 글을 쓸 때 활용해. 자꾸 연습해야 문장으로 표현할 수 있거든."

하루 10분 글쓰기 32_ **국어 수업에서 배운 표현법을 흉내 내서 써 보기**

* 직유법과 은유법 * 의인법과 활유법 * 대구법과 대조법

"직접 쓰려고 하니 어떻게 써야할지 모르겠어요."

"써야 늘어. 고민스럽겠지만 시도해봐."

＊ 직유법과 은유법

– 꽃향기처럼 환한 웃음이 반갑다.

– 뿌리가 뽑힌 나무인 듯 서서히 활기를 잃었다.

– 웃는 아이는 천사다.

– 선생님 성격은 둥글둥글한 원이다.

＊ 의인법과 활유법

– 곰이 앞발을 들어 나를 불렀다.

– 푸른 나무가 피곤해 지친 나를 달콤한 목소리로 위로했다.

– 길들이 벌떡 모두 일어섰다.

– 물은 계곡을 따라 뛰어다녔다.

＊ 대구법과 대조법

– 올라가도 그만, 내려가도 그만이다.

– 하얀 얼굴에 하얀 티, 검은 얼굴에 검은 모자

– 마음은 새까맣지만 얼굴은 새하얗다.

– 네가 나에게 주지 않으면, 나도 너에게 주지 않는다.

"재미있네요. 와! 표현법을 쓰니까 문장 색깔이 완전히 다르네요."

글치 얼굴은 햇빛이었다.

"색깔이란 표현! 참 좋다. 문장에 색깔을 입히는 게 바로 문체지. 앞으로 국어 수업에서 표현법을 배우면 그때마다 흉내 내서 자꾸 써 봐. 글을 쓸 때도 일부러 표현법을 활용하고. 그럼 어느 새 너만의 문장 색깔, 너만의 문체가 탄생할 거야."

같은 표현 반복하지 않기

난 다른 얘기를 하려다 전에 글치가 썼던 글이 떠올랐다. 문장 끝마다 '있다'로 도배를 했던 글이다.

> 담장이 쳐져 있고, 초록색문이 하나 달려 있고, 문을 열면 빨간색 창고 비슷한 게 보이고. 그 옆에는 조금 낡았지만 적당한 크기의 집 한 채가 있고, 집 문을 등 뒤로 두고 큰 나무 한 그루가 있고, 그 앞에 장독대가 있고, 장독대 근처에는 지붕 위에 돌이 얹어진 집 한 채가 지어져 있다. 마당은 적당한 크기고, 장독대 위에 고양이가 올라가 있고, 초록색 문 앞에는 아들과 엄마로 보이는 두 사람이 들어온다. 하늘색이 칙칙한 파란색이고, 분위기가 조금 어둡다.

"문장 끝 마다 '있다'만 썼네요."

"똑같은 표현을 여러 번 반복하면 문장이 지겨워져. 개성 없는 글이 돼버려. 같은 표현을 반복하면 읽는 사람이 재미를 못 느끼지. 아무리 좋은 문장이나 표현이더라도 여러 번 반복하면 게으른 느낌이 들어."

"게으르다는 말이 와 닿네요. 다른 표현을 찾기 위해 노력하지 않았다는 말이겠죠."

"참신한 표현, 다르게 쓰기 위해 자꾸 고민해야지."

갑자기 글치는 뭔가 떠오른 듯했다.

"참! 반복법도 있잖아요?"

"반복법은 일부러 같은 표현을 해서 느낌을 살려. 반복법을 사용하면 문장이 강한 느낌이 들어. 그러나 게으른 탓에 문장에 같은 표현을 반복하면 지루하고 개성이 없어 보여. 지금 이 글은 강한 느낌이 드는 반복법이 아니라 지루하고 게으른 느낌이야."

"쉬운 게 없네요."

어떻게 하면 읽는 사람이 상큼한 느낌이 들지 고민하고, 연구하면 문장이 달라진다. 고민과 연구가 문장에 자신만의 색깔을 입힌다.

04 낡은 문장 습관에서 탈출하기

"마지막으로 청소년들이 글을 쓸 때 흔히 하는 실수를 몇 가지 알려줄 테니까, 문장을 쓸 때 염두에 둬."

"네. 알려주세요."

"이 글을 한 번 읽고, 어색하거나 이상한 점을 찾아 봐."

노력이 중요한 이유는 노력은 성공으로 이어진다. 왜냐하면 노력을 하면 그만큼 열심히 하는 것이기 때문이다. 열심히 할 수 있을 때 열심히 해야 성공을 할 수 있다. 왜냐하면 언제나 노력할 수 있는 것은 아니기 때문이다. 나는 공부의 시작은 책에서 시작하는 것이라고 생각한다. 모든 학생들이 책을 열심히 읽었으면 좋겠다. 어떤 학생들은 책 읽는 시간이 없다고 하는데 내 생각은 틀리다. 아무리 바빠도 책은 시간을 갖고 읽어야 한다. 책은 마음의 양식이요 인생을 위해 꼭 필요하기 때문이다. 학생들은 맨날 학원에서 보내느라 너무 바쁘다. 내 생각엔 앞으론 청소년들이 학원에서 갖는 시간보다 책 읽는 시간을 더욱 많이 가졌으면 하는 바램이다. 왜냐하면 학생 때는 책을 읽을 수 있을 때 최대한 많이 읽어야 하기 때문이다.

"어때?"

"글쎄요. 몇 가지 비슷한 표현을 너무 반복하네요. 특히 '것'이 너무 많아요. 그 밖에는 특별히 이상한 표현은 모르겠어요."

지겨운 표현들

"표현은 참신해야 해. 누구나 쓰는 표현, 다른 사람이 다 쓰는 표현은 개성이 없잖아."

"지겨운 표현은 안 하는 게 좋죠."

"그래 지겨운 표현. 그 말이 정확해. 지겨운 표현을 꼽아 볼게."

나는 ~ 생각한다.

왜냐하면~ 때문이다. (또는 그냥) 때문이다.

할 수 있다.

있다.

것

"이 표현들은 청소년들이 글 쓸 때 너무나 많이 써서 지겨워. 물론 어른들 글에서도 숱하게 보이지."

"이런 단어를 아예 사용하지 않고 글 쓸 수…… 아니 글쓰기가 가능한가요?"

"한 번 해봐. 충분히 가능하니까."

문법에 어긋난 문장

"다음 문장은 청소년들이 흔히 하는 실수야. 완전히 잘못 쓴 문장이지."

노력이 중요한 이유는 노력은 성공으로 이어진다.

"음, 저 이거 알아요. 주술 호응이 엇나간 문장이에요."

"안다니까 자세히 설명해봐."

"문장은 꼭 주어와 서술어가 짝을 이뤄요. 이 문장의 주어는 '이유'인데 여기에 맞는 서술어가 없어요."

"잘 아네. 주술 호응은 기본 중의 기본인데, 실수하면 안 돼. 다음 문장도 흔히 하는 실수야."

공부의 시작은 책에서 시작하는 것이다.

"그러네요. 가만히 보니 '시작은 시작하는 것이다'가 됐네요."

"주술 호응이 엇나간 문장은 대부분 꼼꼼하게 다시 읽으면서 발견하게 돼. 반면에 이런 식의 문장은 잘 찾아내지 못해. 예를 들면 이런 식이야."

나에게 보이는 것은 창문이 보인다.

생명의 시작은 물에서 시작하였다.

이 책은 재미있는 책이다.

"음, 전부 같은 식으로 실수했어요. 제가 고쳐볼게요."

* **나에게 보이는 것은 창문이 보인다. → 내게 창문이 보인다.**
* **생명의 시작은 물에서 시작하였다. → 생명은 물에서 시작하였다.**
* **이 책은 재미있는 책이다. → 이 책은 재미있다.**

"고쳐놓고 보니 훨씬 깔끔하네요."

"앞에서도 몇 번 강조했지만 문장은 짧고 단순하게 써야 좋아. 문장이 단순 명쾌하면 뜻이 분명하고, 문장을 이상하게 쓰는 실수도 줄어들어."

"문장은 단순 명쾌하게! 다시 한 번 명심할게요."

미래인데 과거형으로?

"다음 문장도 어긋난 표현이야."

모든 학생들이 책을 열심히 읽었으면 좋겠다.

책 읽는 시간을 더욱 많이 가졌으면 하는 바람이다.

"이건 뭐가 잘못이죠? 전혀 이상이 없는데."

"여기 '읽었으면'과 '가졌으면'이 틀렸어."

"뭐가요?"

"잘 생각해봐. 둘 다 '었'이 들어갔어. 과거를 뜻하는 말이지. 그런데 문장은 미래에 어떻게 하면 좋겠다는 의미야. 뭔가 이상하지?"

"아! 그러네요. 그럼 어떻게 고쳐야죠?"

* **읽었으면 좋겠다 → 읽으면 좋겠다**
* **가졌으면 → 가지면**

"아무 생각 없이 썼는데……."

"이 문장도 마찬가지야. 고쳐봐."

* **나가주셨으면 좋겠어요. → 나가주시면 좋겠어요.**
* **그랬으면 얼마나 좋을까? → 그러면 얼마나 좋을까?**

"앞으로 글을 쓸 때 조심해야겠네요."

틀린 어휘 습관

"'바램이다'는 말도 틀렸어."

"그래요?"

"'바램이다'가 아니라 '바란다'나 '바람이다'라고 써야 해. '하길 바래'라는 말도 틀려. '하길 바라'라고 해야 해."

"끙. 너무 익숙하게 써서. 틀리다는 생각은 해보지 못했는데."

"'맨날'도 틀린 말이야. '만날'이라고 써야 해."

"와우! 진짜요?"

"여기 '내 생각은 틀리다'는 표현 보이지?"

어떤 학생들은 책 있는 시간이 없다고 하는데 내 생각은 틀리다.

"네. 아! 틀리다가 아니라 '내 생각은 다르다'고 해야죠."

"그렇지. '틀리다'와 '다르다'는 완전히 다른 말이야. 그런데 잘못 쓰는 사람들이 너무 많아."

"잘못 쓰는 표현이 정말 많네요. 제대로 문장을 쓰려면 정말 노력 많이 해야겠어요."

"영어 문법을 바로 쓰기 위해 하는 노력의 반이라도 우리말을 바르게 쓰기 위해 쏟기를 바라."

"이제 전체 글을 고쳐볼까요?"

가지다, 욕심이 덕지덕지 붙은 말

"전체 글을 고치기 전에 마지막으로 하나만 더! 바로 '가지다'는 표현이야."

아무리 바빠도 책은 시간을 갖고 읽어야 한다.
내 생각엔 앞으론 청소년들이 학원에서 갖는 시간보다 책 읽는 시간을 더욱 많이 가졌으면 하는 바람이다.

"시간을 갖다. 왜요? 그냥 쓰는 말이잖아요. 혹시 이 말도 틀렸나요?"

"응. 정말 잘못 사용하는 표현이지. 시간은 가지지 못해. 시간을 갖는다는 표현은 영어에서 온 거야. Have a good time에서 have를 그대로 우리말로 옮긴 거지. 우린 시간을 보낸다, 시간을 두고, 시간을 즐긴다라고 써."

"듣고 보니 그러네요. 그런데 '갖는다'는 표현을 정말 많이 쓰잖아요."

"가지다는 단어는 욕심이 덕지덕지 붙은 말이야. 흔히 쓰는 표현 중에 '아기를 가지다'가 있지. 원래 우리말은 '아이를 배다', '아이가 들어서다'라고 해. 생명인 아이를 '갖는다'고 생각하지 않았지. '돈을 가졌다'고 하지 않고 '돈을 지녔다'고 했어. '경기를 가진다'가 아니라 '경기를 한다' 또는 '경기를 연다'고 하고, '회의를 갖는다'가 아니라 '회의를 한다', '회의를 연다'고 해. '관심을 갖는다'가 아니라 '관심을 기울인다'고 하고, '욕심을 갖는다'고 하지 않고 '욕심을 품는다'고 해. 우리말에는 무언가 소유하고 싶은 욕심이 덕지덕지 붙은 '갖는다'는 말을 함부로 쓰지 않아."

* 시간을 갖는다 → 시간을 보낸다
* 아이를 갖는다 → 아이를 밴다
* 경기를 갖는다 → 경기를 한다, 경기를 연다
* 돈을 갖는다 → 돈을 지닌다
* 회의를 갖는다 → 회의를 한다, 회의를 연다
* 관심을 갖는다 → 관심을 기울인다
* 욕심을 갖는다 → 욕심을 품는다

"시우샘 말처럼 뭐든지 소유하고 싶은 욕심에 '갖는다'는 표현을 마구 쓰나 봐요. 솔직히 예전에 견줘 훨씬 풍요로운데 더 많이 소유하려고 하죠. 욕심이 너무 많아요."

"말이 곧 마음이야. 바른 말, 겸손하고 소박한 말이 마음도 겸손하고 소박하게 하지. 그래서 난 되도록 갖는다는 표현을 안 써. 틀린 표현이기도 하고."

"이제 시우샘 말을 참고로 해서 제가 글 전체를 고쳐볼게요."

- 노력이 중요한 이유는 노력은 성공으로 이어진다.

→ **노력은 성공으로 이어지기에 중요하다.**

- 왜냐하면 노력을 하면 그만큼 열심히 하는 것이기 때문이다.

→ **열심히 노력하면 그만큼 결과가 나온다.**

- 열심히 할 수 있을 때 열심히 해야 성공을 할 수 있다.

→ **열심히 할 기회가 주어질 때 노력해야 성공한다.**

- 왜냐하면 언제나 노력할 수 있는 것은 아니기 때문이다.

→ **언제나 노력할 기회가 오는 건 아니다.**

- 나는 공부의 시작은 책에서 시작하는 것이라고 생각한다.

→ **공부는 책에서 시작한다.**

- 모든 학생들이 책을 열심히 읽었으면 좋겠다.

→ **모든 학생들이 책을 열심히 읽으면 좋겠다.**

- 어떤 학생들은 책 읽는 시간이 없다고 하는데 내 생각은 틀리다.

→ **어떤 학생들은 책 읽는 시간이 없다고 하는데 내 생각은 다르다.**

- 아무리 바빠도 책은 시간을 갖고 읽어야 한다.

→ **아무리 바빠도 시간을 내어 책을 읽어야 한다.**

- 책은 마음의 양식이요 인생을 위해 꼭 필요하기 때문이다.

→ **책은 마음의 양식이요 인생을 위해 꼭 필요하다.**

- 학생들은 맨날 학원에서 보내느라 너무 바쁘다.

→ **학생들은 만날 학원에서 보내느라 너무 바쁘다.**

- 내 생각엔 앞으론 청소년들이 학원에서 갖는 시간보다 책 읽는 시간을 더 욱 많이 가졌으면 하는 바람이다.

→ **앞으론 청소년들이 학원에서 보내는 시간보다 책 읽는 시간을 더욱 많이 보내길 바란다.**

- 왜냐하면 학생 때는 책을 읽을 수 있을 때 최대한 많이 읽어야 하기 때문이다.

→ **학생 때는 책을 읽을 기회가 생길 때 최대한 많이 읽어야 한다.**

노력은 성공으로 이어지기에 중요하다. 열심히 노력하면 그만큼 결과가 나온다. 열심히 할 기회가 주어질 때 노력해야 성공한다. 언제나 노력할 기회가 오는 건 아니다. 공부는 책에서 시작한다. 모든 학생들이 책을 열심히 읽으면 좋겠다. 어떤 학생들은 책 읽는 시간이 없다고 하는데 내 생각은 다르다. 아무리 바빠도 시간을 내어 책을 읽어야 한다. 책은 마음의 양식이요 인생을 위해 꼭 필요하다. 학생들은 만날 학원에서 보내느라 너무 바쁘다. 앞으론 청소년들이 학원에서 보내는 시간보다 책 읽는 시간을 더욱 많이 보내길 바란다. 학생 때는 책을 읽을 기회가 생길 때 최대한 많이 읽어야 한다.

"문장을 깔끔하게 고치니까 느낌이 정말 다르네요. 솔직하게 말하면 이 글 내용이 별로에요. 자기만의 시선이 없어서 재미가 없어요."

"자기만의 시선! 좋은 지적이야. 그리고 뻔한 내용이어도 문장이 깔끔하니까 원래 글보다는 훨씬 좋아 보이지?"

"동의해요. 문장에 개성을 입히는 게 왜 중요한지 알겠어요."

글치는 자기가 고친 글을 보며 뿌듯해했다.

"낡은 글쓰기 습관에서 벗어나려면 일부러라도 남들이 자주 쓰는 어휘를 빼고 글을 쓰는 연습을 종종해야 해. 물론 평상시에 글을 쓸 때 최대한 자기만의 독창적인 어휘를 찾으려고 꾸준히 시도해야지."

하루 10분 글쓰기 33_ 낡은 어휘를 쓰지 않고 글 한 편 완성하기

(금지 : 나는, 생각한다, 왜냐하면, 때문이다. 할 수 있다, 있다, 것, 가지다)

올바른 우리말 표현법을 익히기 위한 노력이 필요하다. 언어는 얼이고 정신이다. 언어를 바로 세워야 정신도 바로 선다. 우리말을 바르게 가꿔야 정신도 곧게 자란다.

"『꽃잎으로 쓴 글자』에서 비슷한 얘기가 나와요. 우리말은 민족의 얼이고, 얼을 지켜 나가면 독립은 언젠가 이룬다고. 독립을 위해서도 필요한 민족의 얼이 바로 언어죠. 언어는 독립해서 살아가는 지금도 계속 필요한 민족의 얼이겠죠. 그런 면에서 외래어를 지나치게 많이 쓰고, 바르지 않은 어휘를 함부로 쓰는 습성은 바꿔야겠어요."

Memo

십대를위한

유쾌한

글쓰기콘서트

5악장

글을 완성하는 힘, 구성력 완성하기

01 글은 물처럼 흘러야 한다

문장이 모여 문단을 이루고, 문단이 모여 한 편의 글이 된다. 문장력은 문장을 표현하고, 문단을 꾸미는 힘이다. 문장력이 좋으면 좋은 글이 되지만, 문장력만 좋다고 저절로 좋은 글이 되지는 않는다. 문장력이 뛰어나면 좋은 글을 쓸 가능성은 높지만, '글 전체를 구성하는 힘'이 약하면 좋은 글이 태어나기는 어렵다.

"시우샘이랑 문장력을 키우는 연습을 하면서 문장력이 부쩍 강해진 느낌이 들어요. 그런데 여전히 글 한 편 완성하기가 어려워요."

"짧은 글 쓰기도 어려워?"

"아뇨. 짧은 글 한 편 완성하기는 예전보다 훨씬 쉬워요. 확실히 문장력을 키우니까 글쓰기에 자신감이 생겼어요. 그렇지만 글이 500~600자만 넘어가도 어떻게 써야 할지 모르겠어요."

"너는 지금까지 나와 함께 한두 문단 길이 정도로만 글을 쓰는 연습을 했어. 이건 문장력을 기르기 위한 과정이었지. 긴 글을 쓰려면 문장력만으로는 충분하지 않고, 긴 글을 구성하는 힘이 필요해. 넌 지금 글을 구성하는 힘이 부족하기 때문에 긴 글을 쓰려고 하면 어려운 거야."

글치는 곧바로 동의했다.

"맞아요. 전 글 전체를 구성하는 힘이 부족해요. 그냥 한 문단이나 두 문단을 쓰라고 하면 어렵지 않게 쓰겠어요. 그런데 글 한 편을 길게 완성하라고 하면 막막해요."

"막막하다는 말! 마음에 와 닿아."

"솔즈히 첫 번째 문장을 어떻게 써야할지 제일 막막해요. 논술문을 쓰라고 하면 서론을 어떻게 써야할지 모르겠어요. 독후감도 자기소개서도 마찬가지에요. 시작이 정말 난감해요. 글 마무리 부분도 어렵기는 마찬가지에요. 멋있게 마무리하고 싶은데 어떻게 해야 할지 모르겠어요. 그렇다고 제가 글 중간은 구성을 잘한다는 건 아니에요. 그냥 뚝 떼어내서 쓰면 잘하겠는데 앞, 뒤 연결하면 뭔가 자연스럽지 못해요."

글치의 하소연이 내 가슴을 울렸다.

구성력을 기르는 유일한 방법

"너뿐만 아니야. 나도 구성은 늘 힘들어."

"시우샘도요?"

"그럼."

"의외네요. 시우샘은 늘 글을 써서 쉽게 할 줄 알았는데."

"너보다야 잘하지."

난 익살스럽게 말했다. 글치는 내 말투에 웃음보가 터졌다. 나도 덩달아 웃었다.

"구성력 기르기와 비교해보면 문장력 기르기는 쉬운 편이야."

"문장력 기르기처럼 구성력을 기르기 위한 특별한 방법이 없나요?"

"솔직히 고백하면 특별한 방법을 못 찾았어."

"아!"

질문을 던지고 내 대답에 기대를 걸던 글치는 실망한 기색이 역력했다.

"내가 구성력을 기르는 특별한 방법이 없다고 한 건 구성력만을 기르는 특별한 방법은 없다는 뜻이야."

"구성력만 기르는 방법이요?"

"그래. 구성력은 독립해서 존재하는 능력이 아니라 '생각하는 힘'에 의해 좌우되거든."

"생각하는 힘! 사고력!"

글치는 '사고력'을 강하게 발음했다.

"사고력은 짧은 시간에 기르지 못하잖아요. 독서도 많이 해야 하고, 공부도 열심히 하고, 탐구도 집중해서 하고, 아! 타고난 지능도 무시 못하죠. 솔직히 전 사고력은 어느 정도 타고난다고 생각해요."

"지능~! 무시 못하지. 그리고 사고력을 기르는 가장 좋은 방법은 웃기게 들릴지 모르지만 글쓰기야!"

"글쓰기요?"

글치의 말꼬리가 부자연스럽게 올라갔다.

"응. 내가 지금까지 경험한 바로는 글쓰기야말로 사고력을 기르는 가장 좋은 방법이야. 글을 쓰려면 수없이 많은 생각을 해야 해. 특히 긴 글을 쓰려면 어떻게 글을 구성해야 가장 좋을지 깊이 고민해야 하지. 긴 글을 쓰기 위해 고민하는 과정에서 생각하는 힘이 길러지는 거야."

"구성력을 기르려면 사고력이 필요하고, 사고력을 기르려면 글을 많이 써라! 결국 구성력은 글을 많이 쓰면 늘어난다는 말이네요?"

"바로 그거야! 구성력은 쓰면 늘어. 글을 많이 쓰지 않기 때문에 긴 글을 쓸 때마다 어떻게 구성할지 고민스러운 거야. 솔직히 너희들은 학교에서 독후감 숙제를 내주거나, 무슨 글쓰기 대회 열릴 때만 길게 글을 쓰잖아. 그러니 당연히 긴 글을 쓸 때 구성을 어떻게 해야 할지 막막하지."

"음, 듣고 보니 그러네요."

하루 10분 글쓰기 34_ 일주일에 한 번은 긴 글을 쓰기

"많이 하면 저절로 요령이 생겨. 긴 글을 쓰기가 어렵다고 투덜거리면서 너희들은 많이 써볼 생각은 안 해. 어쩌다 한 번씩 긴 글을 쓰면서 '어떻게 써요?'하고 묻지."

"고기도 먹어 본 사람이 잘 먹는다는 속담이 떠오르네요."

"아주 적절한 비유야!"

글의 흐름은 강물처럼

"그런데요, 시우샘! 혹시 시우샘만 아는 비결 없으세요?"

"비결? 궁금해?"

글치 얼굴에 화색이 돌았다.

"아! 있군요. 그럴 줄 알았어요. 뭐예요?"

난 일부러 튕겼다.

"내가 왜 가르쳐줘야 하는데?"

"아, 진짜! 시우샘이 사랑하는 제자잖아요."

글치는 일어서더니 괜히 내 뒤에 와서 어깨를 주물렀다. 시원했다.

"내가 비결을 가르쳐줘야 하는 이유를 하나만 말해봐."

"꾸준히 글을 써야 구성력이 늘어난다는 건 알겠지만, 솔직히 공부하느라 너무 바쁘거든요. 비결을 알면 구성하는 힘을 터득하는 시간이 훨씬 줄어들 거라 믿어요. 시간은 소중하잖아요."

"좋아!"

"아싸!"

글치는 얼른 의자에 앉았다.

"구성은 정해진 틀이 없어. 글 쓰는 사람 자유야. 일정한 틀이 있다면 그게 오히려 이상해. 글을 쓰는 사람들은 늘 새로운 구성을 고민해."

"그 얘긴 충분히 알아들었어요."

"구성의 틀은 다양하지만 구성을 관통하는 원칙은 하나야!"

"그게 뭐죠?"

글치의 궁금증은 최대치에 다다랐다.

"바로! 물처럼 자연스럽게 흘러야 한다는 원칙!"

"에게, 겨우 그거요?"

글치는 완전 실망한 듯 받아쓰기 위해 펜을 꼭 쥐고 있던 손에 힘이 풀렸다. 펜은 힘없이 책상으로 쓰러졌다.

"겨우라니? '물처럼 자연스럽게'는 글쓰기 구성에서 가장 중요한 원칙이요, 가장 쓸모가 많은 원칙이야. 난 구성을 할 때 예전에 했던 방식은 떠올리지 않아. 오직 어떻게 하면 가장 자연스럽게, 물이 흐르듯 문장과 문단을 배치할까만 생각해."

글은 타인에게 내 생각을 전하기 위해 쓴다. 글을 쓸 때는 기본적으로 타인이 내 생각과 다르다고 가정한다. 나와 생각이 다른 사람이 나와 같은 생각을 하게 하려면 다른 사람의 생각이 자연스럽게 내 생각을 받아들이도록 해야 한다. 글이 물처럼 자연스럽게 흐른다면 나와 생각이 다른 사람도 물이 흐르듯 내 생각을 받아들인다. 물처럼 흐르는 자연스런 글은 글 쓰는 이의 영원한 목표다.

"어떤 일을 할 때 우린 방법을 먼저 생각해. 하지만 일을 할 때는 방법보다 원칙이 중요해. 원칙을 바로 세우면 방법은 저절로 따라와. 글쓰기도 마찬가지야. '물이 흐르듯 구성한다'는 원칙을 똑바로 세우고 글을 쓰면, 내용에 가장 어울리는 구성이 떠오르게 마련이야."

"음, 제가 생각이 짧았네요."

글치는 펜을 다시 움켜쥐고 내가 한 말을 메모했다.

글은 물처럼 자연스럽게 흘러야 한다.

원칙을 세우면 방법은 저절로 따라온다.

모든 물이 바다로 향하듯

"구성에 관한 얘기를 마치기 전에 마지막으로 하나만 더. 물은 어디로 흐르지?"

"물은…… 바다로 흐르죠."

"모든 물은 바다로 흘러. 글이 물처럼 흐른다고 할 때 글이 흐르는 바다는 어디야?"

"글이 흘러가는 바다요? 음, 잠시만요."

고민의 시간이다. 사색의 시간이다. 고민과 사색은 문제의 답을 찾는 가장 좋은 방법이요, 사고력을 기르는 최고의 방법이다.

"주제요!"

글치가 소리를 질렀다.

"주제에요. 주제! 글이 향하는 바다는 주제에요."

해답을 찾은 글치는 펄쩍펄쩍 뛰었다. 저러다 천장을 망가뜨리지는 않을까!

"잠깐만요. 알겠어요. 그러니까 물이 바다로 흐르듯 모든 글은 주제로 향하게 써야 한다는 말이죠. 주제는 내가 말하고자 하는 중심 생각이나 느낌이니까 내가 전하고자 하는 주제가 잘 드러나도록, 글에서 사용하는 어휘나 문장의 선택, 문단끼리 배치하기, 글의 예시나 논리 등 모든 것들이 오직 주제가 잘 드러나게, 주제가 최대한 잘 살아나게 쓰라는 말이에요."

글치는 속사포처럼 쏟아냈다. 저러다 숨넘어가면 어떡하지?

"글의 목적은 주제 전달이에요. 글을 쓰기 전에 내가 무엇을 전하려고 하는지 분경하게 정해야 해요. 분명하게 정하면, 그에 맞는 가장 효과적인 방법을 찾아내겠죠. 뜻이 있는 곳에 길이 있다고, 주제를 분명히 세우면 나머지 자질구레한 구성은 저절로 해결이 되요. 와! 그렇군요. 그걸 이제야 깨닫다니!"

글치는 스스로 찾은 멋진 해답에 너무나 흥분했다. 빠른 심장박동이 내 귀에 들리는 듯했다.

"참! 생각나요. 시우샘이 쓴『국어 독해력 만점공부법』에서 '국어 공부의 핵심은 주제다'는 말! 국어는 독해력 시험이고, 독해력의 핵심은 글쓴이가 하고자 하는 말인 '주제'를 정확히 파악하느냐의 문제라고. 주제를 알면 글쓴이가 왜 이런 표현을 썼고, 왜 이런 구성을 하고, 왜 이런 인물을 등장시켰는지도 알게 된다고. 음, 독해나 글쓰기나 결국 핵심은 '주제'군요. 음, 이런 놀라운 사실을 왜 그동안 학교나 선생님들은 가르쳐주지 않은 거죠?"

난 더 이상 글치에게 할 말이 없었다. 글치는 스스로 고민하고 사색한 끝에 글쓰기의 핵심을 이해했다. 국어 공부의 핵심이 무엇인지도 터득했다.

"네가 이해했는지 확인해볼게."

① 예전에 아빠는 정말 무서웠다. 툭하면 화를 내고 나를 엄하게 대했다. 공부 안 한다고 심하게 맞기도 했다. 그땐 아빠가 정말 미웠고, 무조건 반항하고 싶었다.

② 엄마와 내가 함께 아빠가 변하길 빌면서 기도하고 정성을 들였다. 처음엔 아무 런 변화가 없었지만 서서히 아빠가 변했다.

③ 지금 아빠는 너무나 다정하고 웃기는 얘기를 잘하신다. 한 번은 내 앞에서 정 말 황당한 개그를 해서 배꼽을 잡고 웃었다.

"어떤 학생이 아빠에 관해 쓴 글이야. 세 문단인데 자세한 이야기는 너무 길어서 생략하고, 핵심만 간추렸어. 이 세 문단으로 글을 쓴다고 할 때 어떻게 구성하면 좋겠어?"

글치는 하나의 글 안에 존재하는 모든 어휘와 문단은 주제를 향해 나아가야 한다는 원칙을 바탕으로 글을 살폈다. 글의 순서를 바꿔가면서 느낌이 어떻게 다른지 확인했다.

"음, 만약 지금 아빠가 변한 모습을 강조하고 싶다면 그게 가장 마지막이어야 해요. 만약 과거 모습을 강조하고 싶다면 과거의 아빠에 관한 글을 마지막에 배치해야겠지요. 만약 정성을 들인 일을 강조하려면 ②번 글이 마지막에 와야죠."

"정확한 분석이야. 네 생각엔 어떤 순서가 가장 자연스러워?"

"제가 보기에는 ②번 글이 마지막에 와야 해요. 정성 들이기를 강조하는 글이 가장 그럴 듯해요. 현재의 좋은 아빠 모습을 보여주고, 그에 반대되는 아빠의 모습을 보여준 뒤에 왜 아빠가 요즘처럼 변했는지 보여주는 거죠. 현재와 과거를 극적으로 대비하면 주제, 즉 정성 들이기가 도드라져 보일 거예요."

글은 의사소통의 수단이며, 의사소통의 핵심은 주제다. 국어 시험은 주제를 파악한 수준을 측정하고, 글쓰기 시험은 주제 전달 능력이 어느 정도인지 측정한다. 가장 강조하고 싶은 내용이 주제다. 주제는 글의 중심이며, 모든 글은 주제를 향해 흐른다. 언어의 핵심은 주제다.

구성은 주제를 최대한 잘 드러내는 방식으로 짜면 된다. 주제를 어떻게 하면 도드리지게 할까? 글을 구성할 때는 오직 이 원칙만 지키면 된다.

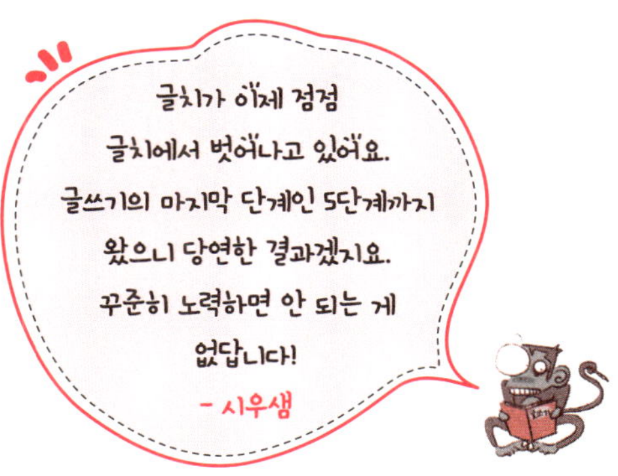

글치가 이제 점점
글치에서 벗어나고 있어요.
글쓰기의 마지막 단계인 5단계까지
왔으니 당연한 결과겠지요.
꾸준히 노력하면 안 되는 게
없답니다!
- 시우샘

02 생활글_ 내 경험에서 진리를 찾는다

나는 생활한다. 따라서 생활글은 가장 쉽고, 흔하게 쓰는 글이며, 가장 많이 써야 하는 글이다. 일기도 생활글이다. 생활글인 일기를 꾸준히 쓰면 문장력과 글 구성력뿐만 아니라 삶도 풍성해진다. 초등학교 때 일기 검사는 짜증나는 경험이었다. 강제 일기 검사는 일기 쓰기를 의무로 만든다. 무엇보다 절대 건드리면 안 되는 '내면의 생각'을 강제로 들여다본다. 생각을 강제로 들여다보는 행위는 명백한 폭력이다. 다행스럽게도 청소년이 되면 일기 검사를 아무도 하지 않는다. 바로 이때가 일기를 쓸 절호의 기회다. **일기, 다시 쓰자. 내면을 살찌게 하고, 문장력을 기르는 가장 좋은 방법인 일기를 포기하지 말자.**

생활글은 독후감, 자기소개서, 소설, 에세이, 논술문 등 모든 글의 밑바탕이다. 왜냐하면 글은 삶을 담기 때문이다. 소설가들은 자기 주변에서 관찰한 인물을 소설 속에서 되살려 낸다. 소설은 삶을 담은 그릇이다. 소설가들이 살고 경험한 삶과 사람이 소설 속에 실린다. 허구로 만든 이야기인 소설이 그럴진대 다른 종류의 글은 더 말할 필요가 없다.

내 경험에서 보편성 이끌어내기

"생활글을 쓰라고 하면 보통 하루 생활을 나열해."

"그렇죠. 이런 일 있었고, 저런 일 있었다는 식이죠. 저도 딱히 경험 나열하기 말고 다르게 쓰는 방법을 모르겠어요."

"생활글의 핵심은 '내 경험에서 보편성 끌어내기'야."

"내 경험에서 보편성 끌어내기요? 보편성을 끌어낸다는 말이 뭐예요? 너무 어려워요."

"보편성이란 말이 무슨 뜻인지는 알아?"

"음, 보편성이라……글쎄요. 짐작은 하는데 설명하려니 어렵네요. 잠시만. 이럴 때 스마트폰이 좋죠. 히히."

글치는 잽싸게 스마트폰으로 보편성이란 말을 검색했다.

"모든 것에 두루 미치거나 통하는 성질. 음, 보편성이 이런 뜻이구나! 그러니까 시우샘 말은 대부분의 사람들과 비슷한 점이나 모두에게 적용되는 올바른 생각을 내 경험에서 찾아내라는 뜻이네요."

글쓰기는 머리를 좋아지게 한다. 자기 생각을 찾는 능력을 기른다. 나는 글치를 보면서도 그걸 확인했다. 처음엔 모든 걸 설명해줘야 했는데 이젠 하나를 얘기하면 스스로 두세 가지를 알아냈다.

"우리가 흔히 쓰는 말이 '사람은 다 그래!'야."

"저도 그 말 많이 해요. 사람은 이기적이야, 사람의 욕심은 끝이 없어, 남자는 원래 그래, 사춘기가 되면 다들 저래, 등등."

"재미있는 건 그 사람에 자기는 빠진다는 사실이야. 남들은 이기적이고, 욕심 많아도 나는 안 그래!"

"사실은 반대죠. 내가 그러니까 남들도 그런다고 생각해요."

"그게 생활글이야. '내 경험에 공감하는 분은 손을 드세요!' 하고 글을 통해 외치는 거지."

"일기는 다르지 않나요?"

"일기는 오직 자기만을 위한 글이야. 일기에 보편성을 담든, 오직 자기만 동의하는 괴팍한 생각을 담든 그건 자기 자유야."

"반면에 생활글은 남을 향한 글이죠. 그러니 남이 공감할 글을 써야 하고, 공감하는 글은 싱크로율이 높죠. 아! 그래서 생활글을 쓸 때 내 경험에서 보편성을 끌어내라는 거군요."

관찰과 사색, 그리고 습관

"내 경험에서 보편성을 잘 끌어내려면 어떻게 해야 할까?"

"보편성을 끌어내려면……."

생각은 잠깐이고 답은 명확했다.

"내 삶을 깊이 관찰하고 사색해야죠. 관찰하지 않으면 삶은 의미 없이 지나가요. 그러나 깊이 관찰하고 내 삶을 기억하면 내 삶에 의미가 생기죠. 관찰한 뒤에는 사색이 필요해요. 어떤 의미일까? 왜 그런 일이 벌어진 거지? 어떻게 해야 할까? 이렇게 관찰과 사색이 바탕이 되면 내 경험에서 보편성이 찾아지죠."

짝, 짝, 짝!

더 이상 설명이 필요 없었다.

"멋지다. 정말 엄청난 발전이야."

"감사해요. 그런데 이거 문장력 1악장에서 시우샘이 이미 가르쳐준 말이에요."

"그래도 대단해. 가르친 걸 다른 상황에서 떠올린 뒤 너만의 말로 바꿔서 말했잖아. 넌 뛰어난 제자야! 가르친 보람을 느낀다."

요즘 청소년들은 휴대전화가 없으면 살지 못한다. 하루 종일 휴대전화를 손에서 놓지 않을 뿐만 아니라 하루에도 수백 통씩 문자를 보낸다. 청소를 하거나 야단맞는 것보다 휴대전화를 압수하는 벌을 훨씬 고통스러워한다. 나도 엄마한테 휴대전화를 빼앗겼을 때 굉장히 답답했다. 휴대전화가 나와 내 친구들 사이에 미치는 영향은 대단하다. 약속시간을 잡을 때도, 소소한 잡담을 나눌 때도, 힘들고 외로울 때도 모두 휴대전화를 사용한다. 흔히 후대전화가 친구들 사이에서만 서로 친해지는 수단이라고 여기지만 난 휴대전화 덕분에 아빠와 친해졌다.

친구들이 카카오톡 프로필 사진에 어렸을 적 과거 사진을 올리기 시작하자 나도 문득 내 과거 사진을 올리고 싶었다. 그래서 옛날 사진을 뒤져서 내 어릴 적 사진을 카카오톡 프로필에 올려놓았다. 며칠 뒤, 그 프로필 사진을 아빠가 보았는지 아빠도 프로필 사진을 내 과거 사진으로 바꾸고 싶다는 얘기를 했다. 같이 앨범을 펴고 어떤 사진이 적절한지 이야기를 해보니 아주 예전임에도 많은 추억들이 새록새록 생각났다. 평소에 난 학원에 다니고 숙제를 하느라 바쁘고, 아빠는 회사일로 피곤하여 집에서는 대화도 거의 안했는데 프로필 사진 하나로 그날 많은 얘기를 했다. 그날 이후로 아빠와 나는 짧지만 자주 카카오톡을 이용해 문자로 대화를 나누었다.

난 그 뒤로 먹고 싶은 게 있으면 사달라고 조르기도 하고, 아빠가 사준 과자를 누구와 먹었는지 문자로 알려주기도 했다. 그러면서 전에는 전혀 몰랐던 내 친구들에 대해 아빠도 제법 알게 되었다. 요즘엔 아빠가 내가 사달라는 통닭이나 피자를 자주 사주신다. 아무래도 내가 카카오톡으로 하트도 많이 보내고 상냥한 말투로 대화를 많이 나누었기 때문인 것으로 보인다. 때로는 사회생활에 바쁜 탓에 엄마도 아빠가 어디로 출장을 갔는지 모를 때가 있지만, 난 카카오톡으로 아빠가 어디서 일을 하시는지, 언제 돌아오시는지도 다 안다. 아빠가 오시는 날에는 더 반갑게 맞아주면 아빠가 상당히 좋아하신다.

그러다 최근에는 정말 가슴이 따뜻한 경험을 했다. 그날 나는 학원도 많고 정말 늦게 끝나서 힘이 들었다. 늦게까지 공부하고 숙제까지 하느라 완전히 지쳐버렸다. 짜증이 밀려왔고, 공부하는 게 뭔지 하는 생각도 들었다. 그런데 그때 카카오톡으로 아빠가 보내신 문자가 도착했다.

아빠 : 힘들지 딸 ^.^

나 : 응 너무 힘들어ㅠㅠ

아빠 : 힘들어도 참고 공부 열심히. 아빠가 응원할게♥♥

난 그 순간 가슴이 뭉클했다. 아빠가 날 위로하며 따스한 말을 전해주는데 정말 감동이었다. 난 정말 행복했다. 얼마 전까지 생각하지도 못했던 느낌이었다. 아빠가 나를 정말 사랑하고 아껴주신다는 생각에 가슴이 뭉클했다.

난 스마트폰으로 문자를 나누면서 아빠와 정말 친해졌다. 반면에 대다수 학생들은 휴대전화나 스마트폰 사용으로 부모님과 갈등을 겪는다. 부모님들은 스마트폰이나 휴대전화만 붙잡고 있는 자녀들에게 잔소리를 하고 자녀는 부모들에게 잠깐 쉬면서 하는데 왜 그러냐고 하면서 다툼이 생기기도 한다. 스마트폰은 그 활용의 정도가 엄청 넓기 때문에 더욱 부모님들이 걱정을 하신다. 내가 봐도 주변의 친구들이 스마트폰이 생기면서 지나치게 많이 매달린다. 학생들의 모습을 보면 부모들이 걱정하실 만하다.

나도 처음엔 스마트폰이 생기면서 엄마와 갈등을 겪기도 했다. '알'을 신경 쓰지 않아도 되었기에 새벽까지 공부 안하고 문자를 하기도 했다. 당연히 야단맞고 갈등이 생겼다. 그런데 아빠와 스마트폰으로 친해지면서 스마트폰은 갈등의 원인이 아니라 친근한 관계를 맺는 수단으로 바뀌었다. 스마트폰이 없으면 상상할 수 없었던 친밀감을 아빠와 느꼈다. 부모님, 특히 의에 바쁘신 아빠와 자녀 사이에 친근하게 보내는 경우가 드문데, 스마트폰을 활용하면 더욱 친근해지는 계기가 되리라는 것을 난 경험을 통해 확인했다. 다른 친구들도 스마트폰을 친구와 의사소통을 하는 수단으로만 여기지 말고, 부모님과 대화하고 자기 고민과 생활을 공유하는 수단으로 쓰면 참 좋겠다.

난 지금도 계속 아빠와 문자를 주고받는다. 아빠와 주고받는 문자는 나를 행복하게 한다. 그러던 어느 날 아빠에게 문자가 왔다.

"딸, 아빠가 용돈 줄까?"

난 문자를 확인하고 너무 기분이 좋았다. 아빠와 친해지니 자다가도 떡이 생긴다는 생각이 들었다. 너무 기뻐서 곧바로 아빠에게 답장을 보냈다. 당연히 적극 환영의 문자였다. 잠시 뒤 아빠에게 문자가 왔다. 난 얼마나 주실까 기대하며, 콩닥콩닥 뛰는 가슴으로 문자를 확인했다. 그리고 확인한 아빠의 문자,

"딸, 오늘 만우절이야!"

이런! 허탈했다. 하지만 '아빠와 친해지니 아빠가 이런 장난도 치시는구나'하며 반가운 마음도 들었다. 그러나 아무리 반가워도 이런 장난 문자는 사절이다.

"재미나면서도 뜻 깊고, 생각꺼리를 만드는 글이네요."

"경험이 생생하고 구성도 깔끔해."

"자기 경험에서 보편성도 잘 끌어냈어요. 휴대전화로 아빠와 친해지기!

그냥 아빠랑 친해지라고만 하면 무슨 도덕책 읽는 분위기였을 텐데, 자기 경험을 바탕으로 이야기를 하니까 공감이 많이 가요."

"싱크로율이 높지."

"그래요. 싱크로율 90% 이상이에요. 어떻게 하면 이 정도 수준으로 글을 쓸까요?"

"그건, 이미 네가 알고 있어."

글치는 보기 좋게 웃었다.

"저도 아는데 또 묻네요. 문장력을 기르는 훈련을 반복하고, 꾸준히 써야죠."

생활글의 핵심은 자기 생활에서 가치 발견하기다. 그날이 그날 같은 생활이지만 삶은 분명 날마다 다르다. 그 누구에게도 똑같은 하루는 없다. 많은 청소년들이 "학교 가고, 학원 가고, 숙제하고, 늘 똑같잖아요."하고 말한다. 청소년들이 그렇게 변화를 느끼지 못하는 건 정말 삶이 똑같아서가 아니다. 자기 삶이 어떤 가치인지 생각하지 않기 때문이다.

삶이 달라서 생각이 달라지는 게 아니라, 생각을 달리하면 삶이 달라진다. 삶이 특별해서가 아니라, 내가 내 삶을 특별하게 볼 때 내 삶도 특별해진다. 인식이 결과를 만든다. 이는 최첨단 양자역학의 결론이며, 현대철학자들의 주장이요, 수천 년 전부터 종교가 가르친 진리다. **나를 관찰하라! 이 문장이 이 책의 시작이요, 끝이다.**

03 독후감_ 책과 내 삶을 연결한다

"학교에서 가장 많이 쓰는 글이 독후감이에요. 그런데 쓸 때마다 어떻게 써야할지 참 답답해요."

"쓰고 싶은 대로 쓰면 되지 왜?"

"보통 학교 선생님들은 '동기-줄거리-느낀 점'순으로 쓰라고 하잖아요. 그게 맞나요?"

"동기? 너 이번에 학교에서 권해준 책 한 권 읽었지."

"네."

"독후감 썼지."

"썼어요."

"동기에 뭐라고 썼어?"

"공부하다가 머리가 아픈데 제목이 눈에 띄고, 한두 장 넘겼는데 그림이 마음에 들었다. 뭐 이런 식으로 썼어요."

"핏! 거짓말이잖아."

"네? 아, 물론 꾸며낸 글이죠."

"솔직히 말하자. 거짓말이야."

"끙. 그래요. 학교에서 읽으라고 해서 읽었고, 쓰라고 해서 썼어요. 그런데 그렇게 쓰면 학교 선생님이 뭐라고 해요. 동기는 그럴싸하게 써야 해요."

거짓 독후감을 쓰지 마라

"거짓말을 써야 할까?"

"휴, 그건 안 되죠."

글치는 자신 없이 대답했다.

"없는 얘기를 지어내면 안 돼. 글은 정직해야지. 없는 얘기 만들어 내지 말고, 책 읽고 난 뒤 솔직한 자기 얘기를 쓰면 충분해."

"솔직한 제 얘기를 쓰라고요? 원래 동기는 그렇다 쳐도 줄거리랑 느낀 점은 써야 되지 않나요?"

글치는 내게 반문했다. 난 대답은 하지 않고 글치에게 다시 물었다.

"줄거리를 왜 써?"

"왜라뇨?"

"다시 처음부터 돌아가야 하니?"

"무슨 소린지?"

"글 쓰는 목적!"

글치는 잠시 멍했다.

"아! 그렇군요. 내가 책 읽고 느낀 점을 누군가에 전하고 싶기 때문에 독후감을 써요. 내가 하고 싶은 이야기가 중요하죠."

난 조금 전 질문을 다시 던졌다.

"줄거리가 꼭 필요할까?"

"아뇨."

글치는 이번에는 단호하게 대답했다.

"줄거리는 줄거리를 전달할 필요가 있을 때만 써요. 만약 내가 느낀 점이 줄거리랑 별 상관이 없다면 굳이 줄거리를 쓸 필요가 없죠."

"느낀 점도 마찬가지야. 느낌 점이 없다면 굳이 느낀 점을 쓸 필요가 없어."

"독후감은 느낀 점을 쓰는 거 아닌가요?"

글치는 당황하며 말했다.

"느낀 점이 없다면 쓰지 말아야지. 없는 느낌을 지어내서 쓰는 것도 거짓이야."

"말은 명쾌하지만, ……그럼 도대체 뭘 써요?"

내 눈으로 책을 보라

"너의 눈으로 책을 봐야지."

"그거야 알죠."

"자기만의 시선으로 책을 봤다면 자기만의 눈에 띄는 게 분명 도드라졌을 거야."

"흠. 솔직히 별 고민 없이 읽었어요."

"다시 말하지만, 연필을 들고 밑줄을 긋고, 메모를 하면서 책을 읽어. 그러다 보면 자기 눈길이 가는 부분을 발견할거야."

"인상 깊은 내용!"

"그래 인상 깊은 것! 책을 읽고 인상 깊은 것은 뭐가 있을까?"

잠시 생각하던 글치가 생각을 정리하며 말했다.

"관심이 가는 인물, 중요한 사건, 중심이 되는 갈등, 아니면 멋진 표현, 분위기, 내용이 아니라 문장이나 표현도 눈길이 가죠. 줄거리나 느낌도!"

"그렇지. 뭐가 인상 깊게 다가올지는 아무도 몰라. 사람은 다르니까 내게 인상 깊은 것과 다른 사람에게 인상 깊은 것은 달라. 자기 눈에 들어오는 대로 책을 읽으면 돼. 독후감은 바로 책을 읽은 뒤에 자기 눈에 들어오는 대목에 주목하고 글로 옮기는 거야."

"인상 깊은 것을 쓰면 되는 군요."

"그래 맞아. 그리고 인상 깊은 것을 쓰라고 했다면서 '내가 인상 깊었던 것은 ~ 이다.' 식으로 뻔한 글은 쓰지 말고."

"그거야 당연하죠. 형식은 글에 맞게 바뀌어야죠. 그런데요, 그게 끝인가요?"

"끝이라니?"

"인상 깊은 것 쓰고 나면 끝이냐고요."

"나 참, 왜 인상 깊은지 써야지."

"그러니까 '내가 인상 깊었던 이유는' 뭐 이런 식이요?"

"하하하! 그렇게 재미없게 쓰고 싶으면 그렇게 쓰고."

"여기가 진짜 어려운 부분이에요. 도대체 어찌하면 좋죠?"

핵심은 삶이다

"글에는 내 삶을 담아야 해."

"동의해요."

"독후감도 마찬가지야. 독후감에도 결국엔 자기 삶을 담아야 해."

"어떻게요?"

"왜 인상이 깊었을까?"

"그건, 인상 깊은 부분이 제 마음에 와 닿았기 때문이죠."

"왜 마음에 와 닿았을까?"

"그거야 여러 이유가 있겠죠. 비슷한 경험을 했거나, 생각과 비슷하거나, 아니면 고정관념을 깨주었거나, 심장이 떨릴 만큼 감동을 받았거나."

"바로 그거야. 그걸 쓰는 거지. 그게 바로 인상 깊은 이유야."

"흠, 듣고 보니 그렇게 어렵지 않네요."

"쉬워. 독후감처럼 쉬운 글쓰기가 없지. 생활글은 자기가 생활 속에서 글감을 발견하고 나름대로 각색하고, 의미를 부여하는 과정을 다 거쳐야 해. 그러나 독후감은 책이라는 대상이 있잖아. 그 속에서 자기 마음에 와 닿는 부분만 붙잡고, 그걸 자기 삶과 연결하면 되는 거야. 얼마나 쉬워."

"말은 쉽지만, 솔직히 독후감 쓰기가 쉽지는 않아요. 학교에서 쓸 때마다 얼마나 힘들다고요."

"그 이유는 이미 내가 알려줬어. 써 보지 않아서 그렇다고. 대회가 있거나 선생님이 숙제를 내줄 때만 독후감을 쓰는데 그게 쉬울 리가 있니? 평상시에 책을 읽을 때마다 책과 자기 삶을 연결해서 생각해보고, 짧게라도 글로 옮기는 연습을 꾸준히 해봐. 그럼 독후감이 어려울 까닭이 없어."

책과 삶을 연결한 독후감

"혹시 다른 학생이 쓴 독후감 중에서 자기 삶과 책을 잘 연결해서 쓴 글 없나요?"

"참고하고 싶은 거구나. 알았어. 내가 좋아하는 제자가 쓴 재미난 독후감 한 편 보여줄게."

허리를 다쳐서 수업을 못한다는 과외 선생님의 전화가 오자 대충 걱정하는 척 하고는 전화를 끊었다. 난 곧바로 식탁에서 씨름하던 숙제를 내던졌다. 이틀 뒤에 다시 수업을 해야 하지만 어쨌거나 그 순간엔 가차 없이 던져버렸다. 식탁에 앉아 두리번거리며 뭐할까 고민하다 어제 온 책 더미가 생각났다. 식탁과 바닥에 뿌려진 문제집과 노트를 주워 내 방에 던져놓고 거실에 깔린 이불 위에 누웠다. 뜯지도 않은 택배상자를 툭툭 칼로 끊은 뒤 책을 뒤졌다. 일단 난 예쁜 책이 우선이기에 표지가 가장 예쁜 책을 골랐다. 분명히 주문할 때는 양장이었는데 양장이 아니었다. 환불하고 싶었지만 아쉽게도 방법을 몰라 환불하지 않기로 했다.

골라잡은 책의 제목이 익숙하다 했더니 언젠가 본 영화의 원작이었다.

영화에서 톰포르가 골라준 안경을 쓰고 공포에 대해 이야기하던 조지가 생각나서 웃음이 삐져나왔다. 책은 영화와 조금 달랐다. 하지만 가장 중심인 이야기는 크게 다르지 않았다. 조지는 캘리포니아 주에 사는 대학 교수다. 그는 그가 사랑하던 사람이 사고로 죽은 뒤 사는 재미를 잃는다. 조지는 소설 속에 나오는 '오늘'이 자신의 마지막 하루라고 생각하고 '오늘'을 바라본다. 조지의 하루는 특별하지 않다. 아침엔 화장실에 가고, 걸어가다 방귀도 뀐다. 영화 속 조지는 조금 멋있게 그려지지만 책 속의 조지는 그저 그런 친근한 아저씨다. 별로 특별하지도 않는 '오늘', 그런데 마지막 하루라고 생각하고 지그시 바라보니 '오늘'따라 조지는 자기 삶이 조금 더 알록달록해 보인다. 그는 사랑하던 사람을 향한 그리움을 지우고 더 살아가기로 결심하지만 '오늘 밤'에 심장마비로 죽는다. 코를 골며 자다가.

눈이 아파서 손으로 벅벅 눈을 비비며 책을 덮었다. 나도 조지처럼 내 주위를, 나를 지그시 바라보았다. 이불 위에서 뒹굴며 책에 빠져 있는 나, 이틀 뒤에는 또다시 수학 숙제 때문에 고통을 받겠지만 지금 이 순간만은 니나노하며 책에 빠진 나, 아늑한 아파트에 누워 잠잘 자리 걱정하지 않고 사는 나, 난 책 속의 조지처럼 내 삶이 마음에 들었다. 이만하면 괜찮은 하루란 생각이 들었다. 그날따라 미안한 말이긴 하지만 허리를 다친 선생님이 좋았다. 평소엔 진절머리 나는 수학 숙제를 내줘서 지겹고 짜증났는데, 오늘따라 허리를 다쳐서 내게 이런 기쁨을 주시니 정말 고마웠다. 감사하다고, 행복하다고 생각하니 내 인생이 너무나 가득차고 행복한 기분이 들었다.

책 뒤에 덧붙은 추천의 글을 읽었다. 추천의 글을 쓴 이는 이 책이 섹시하다고 했다. 그때서야 난 내가 이 책을 좋아하는 진짜 이유를 명확히 깨

닿았다. 섹시해서다. 코고는 조지도, 큰일 보는 조지도, 방귀 뀌는 조지도 섹시하다. 조지는 잘 생기지도, 남성으로서 매력이 철철 넘치지도 않는다. 난 야한 옷을 입고, 남성미나 여성미를 풍기는 사람을 섹시하다고 여기지는 않는다. 특별한 인간미가 풍길 때 난 섹시함을 느낀다. 삶이 매력으로 가득 찬 사람에게 난 섹시함을 느낀다. 난 남녀노소 누구든지 섹시한 게 좋다. 사람은 자기 삶을 매력 있게 가꿔야 한다. 난 섹시한가? 글쎄 아직은 모르겠다. 남들이 들으면 무슨 바보 같은 말이냐고 놀릴지도 모르겠지만 난 나 자신의 섹시함에 내가 반하기를 바란다. 오늘은 멋진 하루였고, 어제보다는 섹시한 하루였다. 이제 곧 자야 하는데 조지처럼 자다가 죽지는 않겠지? 난 오늘 잘 살아서 행복하지만, 내일도 잘 살고 싶다.

"책 읽은 동기를 썼네요?"

"난 쓰지 말아야한다고 말하진 않았어. 진실을 쓰라고 했을 뿐이지. 그리고 동기가 너무 재미있잖아."

"인정해요. 수학 선생님이 다쳐서 과외가 취소되고, 숙제를 하지 않아도 되는 상황! 너무 기분이 좋아 이불에서 뒹굴뒹굴하며 뭐할까 고민하는 모습! 솔직히 누구나 겪는 작은 일상생활인데 글로 옮기고 나니 뭔가 특별한 느낌이 들어요."

"내가 몇 번 강조했잖아. 특별해서 쓰는 게 아니라 글로 쓰면 특별하다고."

"책에서 자신이 주목한 부분만 간추려 내고, 그것과 자기 삶을 연결한 내용도 참 좋네요. 너무나 자연스러워요."

"책과 자기 삶 연결하기, 독후감의 핵심이지."

"마지막 섹시한 사람이 좋다는 말도 인상 깊어요."

"한 권의 책에서 꼭 인상 깊은 대목이 하나일 필요는 없지. 이 독후감을 쓴 애는 '오늘'을 바라보는 조지와 더불어 '섹시한' 조지가 눈에 들어왔어. 독후감을 쓸 때 둘 모두를 자기 삶과 연결했고."

"책을 통해 내 삶 바라보기! 이 말의 뜻이 뭔지 이제 명확히 알겠어요."

글치는 최근에 자신이 읽은 책에 관한 독후감을 쓰겠다고 했다. 자신의 깨달음을 실천하고 싶어 했다.

난 내가 원하는 대로 사는 걸까? 아니면 다른 사람들이 원하는 대로만 사는 걸까? 『쫓기는 아이』를 읽는 내내 머릿속에서 떠나지 않은 생각이다. 남이 요구하는 대로 연극을 하며 사는 인생은 정말 불행하다. 자기 자신이 원하는 대로, 자기 의지대로 살지 못하는 삶은 불행하다. 그런데 과연 난 내 의지로 사는가?

인간 수명은 늘어나고 어린이가 귀해진 세상에서 태린은 어린이가 없는 집에 가서 아들 노릇을 한다. 사람들은 아이가 어떻다는 걸 전혀 모른다. 다만 책속에서 읽고 그럴 거라고 생각하는 아이의 모습을 상상한다. 어른들이 태린에게 요구하는 말과 행동도 자신들이 기대하는 대로다. 태린은 때로는 말썽쟁이로, 때로는 착한 아이로 어른들이 원하는 역할을 한다. '남자 아이는 다 그래'라는 어른들의 요구대로 행동한다. 『쫓기는 아이』에는 특별한 치료를 통해 더 이상 자라지 않는 아이들도 나온다. 그들은 나이가 50살이 넘든, 100살이 넘든 그냥 아이로 지낸다. 아니 아이 역할을 하며 지낸다. 어린아이가 아닌데도 어린아이로 살아가는 삶은 아무리 생각해도 끔찍하다. 태린은 자신을 영원히 아이로 만들려는 사람의 손에서 탈출하고, 힘겨운 고난을 겪은 뒤 진짜 자기 가족을 만난다. 그때서야 태린은 누군가가 요구하는 역할이 아니라 자기 자신으로 살아간다.

난 지금 내 자신의 요구보다는 부모님의 요구, 세상의 요구에 맞춰서 산다. 어쩌면 상황은 약간 다르지만 나도 태린과 마찬가지 삶을 사는지도 모른다. 얼마 전에 마음에 들지 않는 영어 학원을 끊어달라고 엄마에게 부탁했는데 엄마가 거절했다. 너무나 힘들고 별로 도움도 안 된다고 생각해서 계속 졸랐더니 엄마는 버럭 화를 내면서 "너 그럴 거면 공부 다 때려 쳐! 네가 나중에 어떻게 되든 전혀 상관 안 할 테니까!" 하고 말했다. 공부를 안 하겠다는 말이 아니고 그 영어 학원이 마음에 들지 않을 뿐이라고 말했지만, 엄마는 다 때려치우란 소리만 했다. 난 결국 엄마의 위협에 굴복해 그 지긋지긋한 영어 학원을 계속 다녀야만 했다. 영어 학원뿐 아니다. 솔직히 난 별로 학교 공부를 하고 싶지 않다. 어쩔 수 없으니 할 뿐이다. 어쩔 수 없이 남들이 원하는 아이로 살아가는 태린이나 어쩔 수 없이 공부하는 나나 같은 처지란 생각이 드니 정말 비참했다.

난 10대다. 난 모든 삶을 내가 다 책임지고 살아갈 능력은 부족하다. 하지만 나름대로 옳고 그름을 판단할 줄 알고, 내 자신의 뜻대로 살고 싶은 욕구도 강하다. 엄마는 내가 자신의 뜻과 조금만 달라도 무조건 야단치고 엄마 뜻을 따르게 만든다. 태린은 탈출해서 가족을 찾으면서 남의 뜻대로 사는 삶에서 벗어난다. 난 태린이 찾았던 가족, 그리도 그리워하던 가족에 속해 산다. 가족 속에서 남의 뜻대로 사는 나는 어떻게 해야 할까? 그저 가족이 있음에 만족하며 나 자신은 잃어버린 채 살아야 할까? 책은 해피엔딩인데 내 마음은 더욱 착잡해진 채로 책을 덮었다.

글치는 자기가 쓴 독후감을 여러 번 읽었다. 글을 읽는 눈빛에 만족감이 가득했다. 정직하게 자기 속마음을 털어놓은 글이 내 마음을 울렸다.

독후감 쓰기와 올바른 독서법

"독후감 내용은 답답하지만 독후감을 이렇게 쓰니 뿌듯해요. 지금까지 독후감 쓰기를 어렵다고 느꼈던 이유는 책을 읽으면서 의무감으로, 그냥 줄거리만 따라가면서 읽어서라고 생각해요."

"나도 그 이야기를 하고 싶었어."

"책을 읽는 이유는 삶을 풍성하게 하기 위해서잖아요. 책을 읽을 때 내 삶과 연결하면서 읽는 습관을 들였다면 독후감을 쓸 때 그 생각을 단순히 옮겨 쓰기만 하면 되잖아요. 그런데 평소에 책을 제대로 읽지 않았기 때문에 독후감을 쓸 때도 어렵죠."

"정확한 지적이야. 네 말대로 독후감은 글쓰기가 문제가 아니라 책 읽기가 문제야. 책을 읽을 때 끊임없이 자기 삶과 연결해서 읽어야 해. 책은 자기 삶을 위해서 읽는 거야. 책을 삶과 연결시켜서 읽으면 독후감은 누워서 떡먹기지."

 내 삶과 연결해 독서하고, 독후감 쓰기

글이든 책이든, 공부든, 다 마찬가지다. 자기 삶과 연결해야 한다. 자기 삶과 동떨어진 공부, 자기 삶과 관계없는 독서, 자기 삶에 뿌리를 두지 않는 글은 아무런 의미가 없다. 모든 건 삶에서 시작하며, 삶이 목적이다.

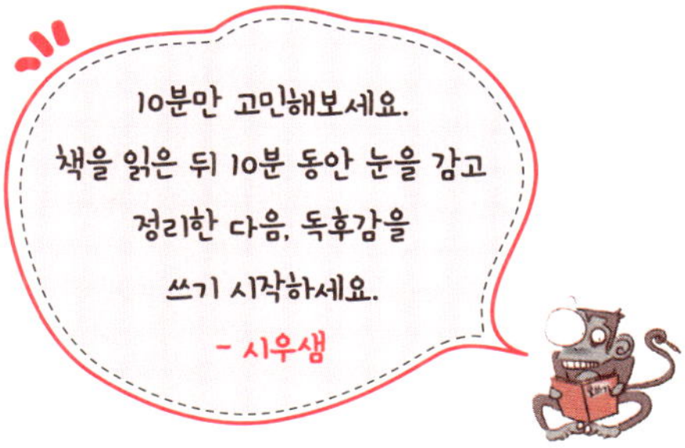

04 자기소개서_ 글에 내 삶을 담는다

"학교에서 자기소개서를 써 보라고 해서 썼거든요. 와! 진짜 힘들었어요. 도대체 어떻게 써야할지 모르겠더라고요."

"꾸며 쓰려고 하기 때문에 어려운 거야."

"인정해요. 멋지게 포장하고 싶었는데 너무 어려웠어요."

"진실이 아니라 거짓을 보여주려고 하니까 어떻게 해야 할지 난감하지. 포장하지 마. 진짜 자기 삶을 보여줘. 그게 자기소개서를 쓰는 유일한 방법이야."

"동의해요. 하지만 솔직히 있는 그대로 자신을 쓰는 게 어디 쉽나요?"

글치 얼굴에 곤혹스런 감정이 어렸다.

자기소개서, 결국 나를 바라보는 힘

"문장력의 시작과 끝이 뭐라고 했지?"

"나를 관찰하기! 나를 바라보는 힘!"

"평상시에 자신을 열심히 관찰하고 바라보았던 사람은 어느 때든 자신을 당당하게 밝혀. 반면에 평소엔 전혀 자신을 관찰하지도, 살피지도 않던 사람은 자기를 소개하라고 하면 너무나 어려워해."

"맞아요. 처음에 시우샘이 나를 주제로 쓰라고 했을 때 얼마나 고민스러웠는지 몰라요. 지금은 그때보다는 훨씬 나아졌지만 여전히 어려워요."

"나와 함께 한 짧은 경험만으로 자신을 다 이해한다면 그건 거짓말이지. 태어나서 죽을 때까지 우린 자신이 누구인지 살피고 사색하면서 살아야 해. 어쩌면 우리가 사는 이유는 내가 누구인지 알기 위해서인지도 몰라. 난 내가 누굴까 늘 생각해. 내 존재의 근원을 고민하지."

"시우샘은 답을 찾았나요?"

"어느 정도. 하지만 여전히 모르는 게 너무 많아. 나를 알면 알수록 날 잘 모르겠어. 그래서 여전히 내 최대 관심사는 나 자신이야."

"와! 그 말 멋지네요."

내 최대 관심사는 나 자신이다.

노트에 내가 한 말을 메모한 글치가 다시 말했다.

"시우샘 말을 듣고 보니 전 저 자신에게 너무 소홀했어요. 아직도 전 제가 뭘 원하고, 무엇을 하고 싶고, 어떤 감정인지 잘 모를 때가 많아요. 시우샘을 만나고 제 삶을 가만히 관찰하고 글로 쓰는 경험이 늘어서인지 예전에 비하면 정말 많이 제 자신을 돌아보지만, 시우샘처럼 최대 관심사는 아니에요."

"난 교육은 자신을 살피는 능력을 기르기 위해 필요하다고 믿어. 나 혼자만의 시선으로 나를 보기 어려우니까 다양한 시선과 관점, 지식을 통해 나를 아는 능력을 가르쳐야 한다고 봐. 나를 잘 알면 타인을 이해하기 훨씬 쉬워. 어쩌면 우린 나를 잘 모르기 때문에 막연히 타인을 미워하고, 싸움을 벌이는지도 몰라."

"어려운 얘기지만 조금은 알 듯해요."

난 다시 자기소개서로 대화의 초점을 옮겼다.

스펙은 가짜, 진짜 삶을 담아라

"다시 말하지만 자기소개서는 요령이 아니야. 자신의 진심을 담아야 해. 오직 그게 진짜 자기소개서야."

"하지만 진심으로 쓴다고 해서 자기소개서를 읽는 선생님이나 교수님들이 제 진심을 알까요?"

"진심은 통해. 만약 너의 진심을 알아보지 못하고 가짜로 포장된 자기소개서를 높게 평가하는 선생들이 있는 학교라면, 그런 학교엔 가지마. 네가 가봤자 배울 게 없는 학교야. 가짜도 구별해내지 못하는 선생, 진심을 알아보지 못하는 교수 밑에서는 배울 게 없어."

"시우샘 말을 들으니 속이 다 시원해요."

"자기소개서를 쓸 때 꼭 주의할 게 있어. 그건 자기소개서를 읽는 사람들은 '주장'에 주목하지 않는다는 거야."

"주장에 주목하지 않는다니 무슨 뜻이죠?"

"난 노력하는 사람입니다, 나는 따뜻한 사람입니다, 나는 탐구심이 강합니다, 따위의 말에 주목하지 않는다고."

"그럼 어떻게 해요? 그게 진심이라면? 그게 내 진짜 모습이라면? 그걸 몰라보잖아요."

"주장이 아니라 '삶'에 주목해. 말은 누구나 번지르르하게 할 수 있지만, 경험은 그렇지 않거든. 사람은 경험으로 모든 걸 말해. 자기소개서에 진짜 삶을 담으면 다 알아봐. 자기 삶을 잘 담으려면, 이미 말했듯이 꾸준히 자기 삶을 진지하게 관찰해야 해."

말이 아니라 삶이 진짜다. 삶을 담아야 진짜 글이다. 자기소개서는 그런 면에서 아주 노골적으로 자기 삶을 글로 담으라고 요구하는 글이다. 꾸미지 말자. 정직하자.

요즘 스펙 쌓기가 유행이다. 다양한 경력과 화려한 수상 성적을 만들어 내려고 수백만 원씩 들여가며 카운슬링을 받기도 한다. 그러나 스펙은 가짜다. 스펙은 거짓 포장술일 뿐이다. 스펙은 거짓이다. 가짜를 만들기 위해 돈과 시간을 쏟지 말자.

스펙이라는 거짓 포장술로 자신을 꾸밀 시간에 진짜 자신을 관찰하고, 진짜 자신을 만나자. 너도나도 자신을 포장하려 하기 때문에 세상이 거짓으로 가득차고, 불신과 다툼, 욕망과 전쟁이 뒤엉킨다. 자라나는 청소년들에게 거짓 포장술을 쌓기를 강요하고, 사회에 진출하려는 청년들에게 거짓말 잘하는 능력을 기르라고 하는 사회는 미래가 뻔하다. 거짓 포장술을 중요하게 여기는 학교라면 그런 학교는 가지 않는 게 좋다. 거짓 포장술로 자신을 잘 꾸민 사람을 뽑는 회사라면 그런 회사는 다니지 않는 게 인생에 도움이 된다.

향기로운 사람이 향기로운 글을 쓴다

"이건 다른 학생이 쓴 자기소개서의 일부야. 나와 특별한 인연이 있어서 받아두었지. 가짜인지 진짜인지 봐. 진심이 느껴지는지도."

제 외할머니는 시골에서 농사를 지으십니다. 저는 종종 외할머니 댁에 갔는데 외할머니가 화학비료를 상당히 많이 사용하는 걸 보았습니다. 외할머니는 '비료를 너무 많이 써서 산성화되어 다음 해에 수확이 크게 떨어진 적도 있다'고 했습니다. 외할머니도 퇴비가 좋다는 걸 알고 계셨지만 나이도 많으시고, 기력도 떨어져서 힘든 일은 하기 어려웠습니다. 화학비료는 체력이 약한 노인들이 농사를 짓기에 편리하지만 땅에는 좋지 않고, 퇴비는 땅과 농작물에는 좋지만 힘이 많이 들어 외할머니 같은 분에게는 무리입니다. 그때 전 화학비료를 쓰지 않고 농사를 잘되게 하는 방법을 개발하면 참 좋겠다고 생각했습니다. 외할머니 같은 분들이 농사짓기에도 좋고, 땅에도 좋은 방법이 없을까 고민했습니다. 그리고 나중에 과학자가 되어 이 꿈을 실현하고 싶다는 소망을 품게 되었습니다. 그게 제가 과학자를 꿈

꾼 첫 계기입니다.

과학자를 향한 꿈을 품은 저는 과학 공부에 많은 관심을 기울였습니다. 특히 과학 연구와 실험에 매료되었습니다. 어린 시절 저에게 과학 실험은 마치 마술쇼와 같았습니다. 전혀 상관없어 보이는 두 물질을 섞으면 연기가 나기도 하고 불꽃이 일어나는 현상을 보면서 이게 바로 마술이구나 싶었습니다. 중세의 연금술사들이 바로 이러한 매력에 빠져 금을 만들겠다고 그렇게 열정적으로 실험을 했구나 싶었습니다. 전 과학의 마력이 푹 빠졌습니다. 그런 마력을 학교에서도 많이 누리고 싶었고, 실컷 공부하고 싶었습니다. 그러나 학교는 과학을 향한 제 욕심을 채워주지 못했습니다. 따라서 과학 연구와 실험을 중심으로 수업을 하는 과학고등학교는 자연스럽게 제 목표가 되었습니다.

제가 꿈꾸는 미래는 이미 처음 과학자가 되고 싶었던 계기와 연결되어 있습니다. 땅을 건강하게 하면서도 손쉽게 농사를 짓는 방법을 개발한 과학자이고 싶습니다. 그래서 땅을 건강하게 만든 사람, 농사를 짓는 수고로움을 덜어주어 농촌 사람들을 여유 있고 행복하게 만든 사람, 그런 과학자로 기억되고 싶습니다.

"자기가 왜 지원했는지 경험을 썼군요. 멋지네요."

"다음은 특별한 경험을 쓴 글이야."

과학영재교육원에서 과학캠프를 갔을 때 일입니다. 실험 결과를 발표하는 시간이었는데 저희 조가 파워포인트 파일을 놓고 오는 실수를 저질렀습니다. 그때 저희는 파일을 두고 온 실수를 두고 서로 다투기보다 어떻게 하면 이 어려움을 이겨낼까 고민했고, 즉석에서 파워포인트를 만들기로 했습니다. 연구 주제는 '농약이 토양의 산성화에 미치는 영향'이었는데, 그동안 실험한 과정과 결과를 자연스럽게 정리했습니다. 저희는 실험 과정에서 농약 살포 횟수, 대조군을 만드는 방법에서 이견이 생겨 치열하게 논쟁했고, 모두가 동의하는 실험 방법을 선택했습니다. 그랬기에 긴급한 상황에서도 즉석에서 파워포인트를 만들 수 있었습니다. 그렇게 만든 파워포인트는 만든 저희도 놀랄 정도로 우수한 수준이었습니다. 이 경험을 통해 저는 과학 실험에서 팀워크가 참 중요하다는 걸 깨달았습니다. 과학은 혼자만의 탐구가 아니라 팀이 하나가 되어 지혜를 모아 나가야 하며, 팀워크가 좋아야 어려움을 이겨낼 수 있다는 걸 알게 되었습니다.

"삶이 담겨 있네요. 그리고 이야기가 있어요. 어떻게 살았는지가 보여요. 두 글이 모두 꾸며 쓴 이야기가 아니라면, 진짜 경험이라면, 저라도 이 지원서를 낸 사람을 뽑겠어요."

"글에서 사람의 향기, 삶의 향기가 나나?"

"네. 향기가 물씬 풍기네요. 느껴져요."

삶이 담긴 글이 진짜다. 문장력은 삶이 결정한다. 향기로운 사람이 향기로운 글을 쓰는 법이다. 뛰어난 문장을 쓰고 싶다면, 정말 멋진 글을 쓰고 싶다면 이렇게 물어야 한다.

"나는 향기로운 사람인가? 어떻게 하면 향기로운 사람이 될까?"

눈을 감고 10분 동안 나에 대해
생각해보세요. 그리고 정리해보세요.
이 세상에서 가장 먼저 자기소개서를
쓸 수 있는 준비가 되어 있다면
그때 시작하세요!
나만의 자기소개서를…….
- 시우샘

에필로그

정직한 글쓰기

「Devils Advocate」이란 영화에는 사람을 타락시키는 악마가 나온다. 악마는 사람 속에 살며 사람들의 욕심을 교묘하게 이용해 자신의 뜻을 이룬다. 악마가 쓰는 수법은 특별하지 않다.

"허영은 내가 제일 좋아하는 기호품이지."

악마가 버릇처럼 하는 말이다. 악마는 사람들의 허영심을 이용한다. 헛된 욕심, 누군가에게 잘 보이고 싶고, 멋져 보이고 싶은 욕심을 이용한다. 사람들의 허영이 악마에겐 가장 강력한 무기다. 신은 진심에 뿌리를 두고, 악은 허영에 뿌리를 둔다.

글!

잘 쓰고 싶다. 멋지게 쓰고 싶다.

그러나 역으로 정말 글을 잘 쓰고 싶다면 잘 쓰고 싶다는 욕심, 멋지게 쓰고 싶다는 허영을 내려놓아야 한다. 허영은 악마의 무기다. 악마의 무기로는 결코 선을 이루지 못한다. 나도 예전엔 멋지게 보이는 글, 나를 포장하는 글을 쓰려고 애썼다. 지금은 그리 쓰지 않으려고 노력한다. 내 삶을 바탕으로 글을 쓰고, 내 글에 맞는 삶을 살고자 한다. 난 글을 쓰면서 정직이 얼마나 소중한 가치인지 깨달았다.

글을 쓰는 청소년들에게 부탁한다.

"정직하게 글을 쓰자."

청소년들에게 글쓰기를 지도하는 선생님과 부모님께 부탁드린다.

"청소년들이 정직한 글을 쓰게 해주세요."

청소년들이 쓰는 글을 심사하시는 분들께도 부탁드린다.

"정직한 글을 높게 평가해주세요."

글쓰기 실력 기르기 과정을 마무리하려고 하는데 글치가 물었다.

"참~! 시우샘!"

"왜?"

"논술 쓰기는 어떻게 하죠? 그건 일반 글쓰기와 다르잖아요."

"물론 조금 다르지. 그리고 논술은 이 책에서 다루기에는 양이 너무 많아. 논술 쓰는 요령은 『논술 만점공부법』을 통해 익혀보자."

時雨

십대를 위한 유쾌한 글쓰기 콘서트